唐家湾历史文化丛书

《唐家湾历史文化丛书》编委会 编

唐廷枢

中国近代民族工业先驱

王杰 宾睦新 著

SPM
南方出版传媒
广东人民出版社
·广州·

图书在版编目（CIP）数据

中国近代民族工业先驱唐廷枢 / 王杰，宾睦新著．—广
州：广东人民出版社，2021.9
ISBN 978-7-218-14532-7

Ⅰ．①中… Ⅱ．①王… ②宾… Ⅲ．①唐廷枢（1832-
1892）—传记 Ⅳ．①K825.38

中国版本图书馆CIP数据核字（2020）第196665号

ZHONGGUO JINDAI MINZU GONGYE XIANQU TANG TINGSHU

中国近代民族工业先驱唐廷枢

王 杰 宾睦新 著

出 版 人：肖风华

责任编辑：梁 茵 廖志芬
封面设计：张绮华
责任技编：周星奎

出版发行：广东人民出版社
地　　址：广州市海珠区新港西路204号2号楼（邮政编码：510300）
电　　话：（020）85716809（总编室）
传　　真：（020）85716872
网　　址：http://www.gdpph.com
印　　刷：广东鹏腾宇文化创新有限公司
排　　版：广州市友间文化传播有限公司
开　　本：787mm×1092mm 1/16
印　　张：12.25 字 数：180千
版　　次：2021年9月第1版
印　　次：2021年9月第1次印刷
定　　价：78.00元

如发现印装质量问题，影响阅读，请与出版社（020-85716849）联系调换。
售书热线：（020）85716826

作者简介

王 杰

广东吴川人,博士,二级研究员,从事中国近现代史研究四十余年。曾任广东省社会科学院历史与孙中山研究所所长,现任中国现代文化学会副会长、广东省广府文化研究会会长。著有《平民孙中山》《孙中山民生思想研究》等。

宾睦新

广西全州人,历史学硕士,讲师,澳门科技大学社会和文化研究所博士生,《唐廷枢研究》副主编,从事中外文化交流研究,合编《陈兰彬集》和《宾步程集》,编著《容闳作品选读》。

　　珠海唐家湾，原属香山县上恭常都。其灵秀也，山海相拥，陆岛相望，名人辈出，是我国首个以近代历史遗迹申报历史文化名镇获得成功的古镇，也是首个地处岭南滨海、经济特区的国家级历史文化名镇。唐家湾毗邻澳门，亦曾沐浴澳门之欧风西雨。明清时期，澳门为中外贸易及西风东渐的"独木桥"，唐家湾之金星门海面多有洋船寄泊；逮于近代，唐家湾人以地利之便，得风气之先，或就学，或从商于澳门，继而参与"师夷长技"及洋务运动，以家族血缘和地缘关系为纽带，积聚经济、社会、文化资本，逐渐在内地建立连接海洋与珠江、长江流域之主要商贸城市和港口的经济、社会和人文网络，为推动我国早期对外开放、经济社会发展作出了重要贡献。

　　近代以来，从唐家湾走出了中国近代民族工业先驱唐廷枢、中华民国首任内阁总理唐绍仪、清华学校首任校长唐国安、中国共产党早期领导人苏兆征、人民画家古元等一大批在我国政治、经济、军事、文化、教育、外交等领域做出重要贡献的精英人物。他们的爱国情怀和卓越贡献，在我国近代化进程中闪耀着永恒的光亮，在唐家湾巷陌里乃至珠海地区成为代代传颂的佳话，由此凝聚成具有鲜明的对外开放特色的中国人文地理标志。凭借独特的人文地理气质，唐家湾不仅曾作为民国时期中山模范县县府以及新中国成立初期珠海县的建县之地，更是我国改革开放、经济特区建设中的先行地区，而坐落于该镇的闻名遐迩的珠海高新区，更使之成为珠江口西岸首个传统文化与当代科创相融合的知识经济港。

粤港澳大湾区建设是习近平总书记亲自谋划、亲自部署、亲自推动的重大国家战略，是新时代推动形成全面对外开放新格局的新举措，是推动"一国两制"事业发展的新实践。在全面贯彻实施《粤港澳大湾区发展规划纲要》的背景下，发挥澳门与珠海地域相近、文脉相亲的优势，挖掘和传播唐家湾的文化底蕴与开拓精神，探讨澳门与香山（珠海）的历史文化关系，是大湾区建设"以中华文化为主流，多元文化共存的交流合作基地"的重要任务和目标。因此，珠海高新区政府以扎根乡土的文化情怀和瞭望四海的深邃目光，提出了《唐家湾历史文化丛书》的编写和出版计划。此举对进

一步推进唐家湾历史文化研究，深入发掘珠海、澳门的优秀文化基因，探讨当代珠海、澳门人文合作的可能性，彰显包括中山、珠海、澳门在内的香山文化在粤港澳大湾区建设中的作用，建设新时代的人文湾区具有重要的历史和现实意义。

《唐家湾历史文化丛书》由珠海市文化广电旅游体育局指导，珠海（国家）高新区管理委员会主持，珠海高新区社会保障和公共事业局、珠海高新区（唐家湾镇）文化中心、澳门科技大学唐廷枢研究中心、珠海市唐廷枢历史文化研究中心等单位合作，组织专业研究团队系统地搜集、整理史料，对唐家湾历史人物、重要事件、文化遗产等专题进行研究和传播，是一套兼具学术性和通俗性的系列历史文化著作。

按照计划，《唐家湾历史文化丛书》大致分为历史、人物、建筑人文、非遗文化等四个系列，计划用两年时间初步完成首批6种图书，以后视情况陆续出版。首批图书包括《中国共产党早期著名领袖苏兆征》《中国近代民族工业先驱唐廷枢》《清华首

任校长唐国安》《唐家湾古建筑艺术》《唐家湾文物保护利用笔记》《唐家湾碑刻集》等。以上图书在参考前人成果的基础上，由近代史专家及长期从事唐家湾历史文物保护的专业工作者分别撰写，系统介绍唐家湾历史文化遗产及近代著名人物的概貌与事迹，挖掘其深层文化价值，完整呈现唐家湾文化发展的历史谱系和价值体系。

习近平总书记在2019年1月2日致信祝贺中国社会科学院、中国历史研究院成立时指出："当代中国是历史中国的延续和发展。新时代坚持和发展中国特色社会主义，更加需要系统研究中国历史和文化，更加需要深刻把握人类发展历史规律，在对历史的深入思考中汲取智慧、走向未来。"身处伟大的时代，重视历史经验的总结和优秀文化的传承，才能走得稳，走得远。《唐家湾历史文化丛书》的编撰出版，是珠海、澳门文化界一次新的合作，我们期待社会各界对丛书提出宝贵意见，使之不断丰富和完善，共同为新时代人文湾区建设作出新的贡献。

林广志

2019年11月11日

目 录
Contents

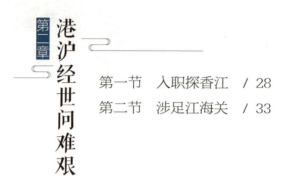

◀◀◀微信扫码，听一听
★唐廷枢先生人生故事
读者更可扫码加入本书专配交流群

海风唤醒大香山

唐廷枢的功业很传奇，唐家湾的风物很迷人，唐朝的历史很遥远——或许是历史的巧合，唐氏、唐家、唐代，三唐系成一线，串就了本书的开篇。

乡村存旧韵

远古的香山，濒珠江出海口西岸，是一个很小的地域，其东北部有个釜涌境（今唐家村），传说得名于唐代，为该地区最早的自然村落之一，其时属东莞县管辖。由于年代久远，又处海角一隅，历史的记忆早被风烟尘封，往事经已付之于沉梦。

及至1152年，时光走进南宋初年，香山镇升格为香山县，县衙门初设在香山场村（今珠海市山场村），两年后迁往仁山或称铁城（今中山市石岐），香山场村改设盐政衙门。

香山以属地五桂山盛产香料得名，渐次名扬遐迩。早年的香山，还有一个神奇的称号，叫做"南中国海的广东水上世界"，与后人为之赞叹的"珠海"实至名归。省内的西江、北江、东江三江从这里交汇出海，河海交错，岛屿星点，水连山，山接水，蜿蜒曲折如画。山川之形胜，也寄寓着生计之艰险。随着日积月累，天然的沙坦淤积露出潮田，以及人工沙田自发围垦，推动了明清时期大规模的围垦造田。从此，大海围着大沙田，绘成了濒海万顷沙田别样的风景线：河道交织如网，咸淡水和谐交汇，河水与海潮共涨退，滩涂盛产蚝、蚬、蟹，鱼米之乡由是水到渠成。与自然风物孪生，冒险精神及宗族聚力的人文精神，亦因之油然而生，并显出浓烈的表征。

1947年《中山文献》创刊号刊载何大章所撰《地理志初稿》，对香山的地形物产作过如下描述：

> 北部概为冲积平原，土壤最肥，农产至丰，为本县主要生产
> 地，惜以地势低坦，时虞水患，兴办水利，是为急务。中部多为山
> 地，坑田潮田，耕作有限，土地利用，未尽完善，急宜开垦山地。
> 南部全属岛屿，土地星散多山，不利农耕，人多以海为生，发展渔
> 业，至为要图。

唐家村坐落在香山南部。

村子背山面海，扼珠江口西岸，北、西两面是小山丘，毗邻南蓢、三乡；东临珠江口，与香港大屿山隔海相望。可谓开门见海，天水一色，海阔天空。村民世代亦农亦渔，日夕伴涛声作息。

唐家村住户多是唐姓人氏。有户人家男主人名唐方玠，字广善，号宝臣，生于1799年10月31日（清嘉庆四年十月初三日），娶本乡梁氏。1832年5月19日（清道光十二年四月二十日），方玠一家，迎来了第二个男丁的降生，乳名亚驱，官名廷枢（"枢"在人名中本地话音同"驱"），字建时，号景星。他，就是本书的主人公。

时人的字，按传统乃是遵循家族的辈分所起，字取"建时"——一个"时"字，饱含着长辈的祈福与冀望；谁能料到，它寄寓着时代的先驱，又或者说，赋予孩儿一项开创"时代"的使命呢！

不能忽略的事实是，唐廷枢日后惊天的功业，得益于少年的他迷上了澳门的"神奇"，进而发现了澳门的"神奇"。冥冥之中，"神奇"的澳门，催生了亚驱神奇的梦想。

第二节

西风习毗邻

　　澳门距唐家村约四十多里地，在唐廷枢出世的时候，其地域名义上虽然仍隶属于香山，却已经被葡萄牙人"租占"了整整三百年。

　　葡萄牙人乃海盗和海洋文明的代名词，他们不远万里从欧洲南岸大陆组织商船，冒险东探，拍浪穿涛，来到澳门，开始以借港湾避风的名义，踏上了东方神秘的土地，随后，这些"红毛"（粤人称谓，因为他们是红头发或金头发）人，施展各种计谋，贿赂与欺骗兼用，获明朝当局默许，于1553年"租占"了澳门。

　　海洋文明可以理解为商业文明，强势般地表现出两重性，一方面体现于其商业的掠夺性：通过倾销便巧、时尚的工业品，赚取了大量的白银，同时摧残了中国的手工产品。比如"洋油"（煤油，当地称火水），洁净便利，替代了油盏；洋火（火柴），取代了击石取火；自鸣钟（时辰钟），淘汰了打更人，更准确报告时刻，便于人们社交与作息。这些实用而又时兴的生活日用品，迷诱着百姓的适时消费。另一方面体现于文明理念的传播性：先进的工业技术和商业理念，推动和促进了中国工商业的趋新与发展，除了丝绸和茶叶之外，还带动了中国（广州）外销瓷、外销画、外销扇等的出口，从而促进了上述产品在沿海地区的制作与生产，刺激了商品经济的蓬勃发展。

　　伴随着时髦商品东来，是大批天主教、基督教教徒的涌入与其教义的传播。现存的大三巴遗址，就是当年宏伟壮阔的天主教堂的断垣残壁。不足三平方公里澳门半岛，就有十几座大小不等的教堂，可见教会活动的兴盛与活跃。清朝康熙年间寓居澳门普济禅院的释迹删写下的《三巴寺》一诗,描绘了澳门东西方宗教此消彼长的情景。诗人赋咏道:"暂到殊方物色新,短衣长帔称文身。相逢十字街头客,尽是三巴寺里人。箬叶编成夸皂盖,槛舆乘出比朱轮。年来吾道荒凉甚,翻羡侏离礼拜频。"

中西文化在澳门经过日复一日、年复一年、百年复百年的碰撞与交融,澳门原住民生活方式的变化逐渐为周遭地区民众所熟悉与接受。一首《游峤门宿普济禅院赠云胜师》,记述了濠镜澳中西方商人汇聚,以及西方宗教在本土和谐相处的情景:"珠林遥隔水云村,百里寻僧日欲昏。行逐鲛人趁番市,渐闻鴃舌杂华言。山钟近接三巴寺,海气晴分十字门。到处不妨吾道在,岛夷今识法王尊"。

《寓普济禅院寄东林诸子》一诗,则展示了西方人学习汉语、中西洋乐器和谐相间的有趣情形——"蕃童久住谙华语,婴母初来学鴃音。两岸山光涵海镜,六时钟韵杂风琴"。另一位清初诗人吴历(渔山)将澳门华、洋教士同窗学习的情节写得更细腻,诗曰:"灯前乡语各西东,未解还教笔可通。我写蝇头君写爪,横看直视更难穷"。描写华人教士写"蝇头小楷",洋教士写"鸟爪"。他们互不相干,又异笔同梦。

1830年澳门半岛远眺

不住田园不树桑，

珹珂衣锦下云樯。

明珠海上传星气，

白玉河边看月光。

这是明代著名戏剧家汤显祖笔下《香岙逢贾胡》的诗句。1591年他被贬为广东徐闻县典史，途经香山县游览澳门。诗人笔下，描述了一幅外国商人（贾胡）身穿异装前来澳门做生意的情景。

文明的海风，吹醒了传统的濠镜；葡人的东来，激活了澳门的商机。

第三节

时世渐趋新

澳门商机风生水起，对附近的唐家村来说，可谓近水楼台。

唐家村位于西江出海口，村民每日都能远望往来穿梭于澳门的外国"轮舟之奇"，闻听到轮船的汽笛长鸣，及种种"奇技淫巧"。人们步行三四个钟头，就可到达澳门半岛。与传统的择日而成的墟市不同，澳门日日皆是街市，商铺天天开门，马路熙熙攘攘。关闸以北的村民，有的挑来农产品摆卖，换回诸如"洋火"一类生活必需品；有的农闲时到洋行、店铺务工，赚点生计，添补家用；偶尔也到洋庙番寺聆听番僧操着或生硬或十分流利的广州话宣讲洋教教义，兼听海外奇谈，等等。卖土产的多是早出晚归，打短工的偶有寄宿。在形形色色的直接间接的社交中，澳门周边的村民，对远方来的"红毛""蓝眼""番鬼佬""西洋客"和"西洋货"，耳濡目染，逐渐见怪不怪、习以为常，渐而默认，一声不咸不淡的"哈罗"便可拉近与洋人

19世纪中叶澳门街景

的距离与认同。他们虽然弄不懂也不想弄懂西洋人来东方除了贸易之外，还要做些什么，但是投身与洋人相关的贸易活动，如装卸、搬运、运输等劳务，或到洋人家中帮忙家务、打杂工等，所得的工钱总比农耕与捕鱼的收入来得可观，也比农渔业的收获快如吹糠见米，实惠、利索得多。

真是家家都有一本难念的经。当周遭的人都在四处串门，寻找关系赶往澳门"揾食"的时候，殷勤老实的唐方玕，依旧读着他的老皇历、念着他的古董经——耕种承租来的几亩水田、下海捕捞小海产，半耕半渔维持全家生活，家景虽够不上富余，也不至于拮据，风调雨顺之年景，三餐尚且温饱无虞；遇上台风或水涝，便要东赊西借，生计不免苦脸愁眉。1839年（道光十九年），唐廷枢已经七岁，全家增至五口，父母要抚养三位正值成长之时的男丁，大哥廷桂比他大四岁；弟弟廷庚比他小三岁。十一岁的大哥已经过了读书的年龄，自己也该入塾了。可是，因为贫穷，捉襟见肘，兄弟俩只能眼巴巴望着富家子弟欢声笑语出入私塾书房……

农耕年代，祖宗留下的祖训，也就是古来的传统观念，即"书中自有黄金屋""书中自有颜如玉"，一朝科举及第，金榜题名时，世代耀祖光宗。在香山，近在1823年（道光三年），即唐廷枢出生前十年，香山场就出了个与广东状元林召棠同榜的二甲第二名鲍俊，同宗庆贺，好不气派，远近扬名啊！尽管供养儿子入私塾、进学堂，十年寒窗，通过层层科举考取功名，进而打开人生的仕途之门——有如"华山一条路"，却是寒门跳出农门最荣耀之正途。没有理由怀疑，唐方玠睡着都梦见过祖坟冒出青烟，儿子有朝步步科举，即使考取个进士举人，也够唐家荣耀好几辈子！眼下，唐方玠家徒四壁，连生计都难撑，哪里来的银两供送儿子入读私塾？"子不教，父之过"，不能供养"子之学"，也是"父之过"啊！为人之父的唐方玠，岂不暗中落泪、时时惆怅？

穷则思变。天无绝人之路。

唐方玠为了减轻养家糊口的压力，更迫切地想法子赚钱以供养两个小孩入学读书，终于把眼光投向澳门，也把决心与希望付诸于澳门。

初始，唐方玠仿效村里人挑些生果、蔬菜，或咸鱼、山货到澳门街上摆卖，偶尔也在店铺兼打短工，因为不懂洋文，金发碧眼的西洋人多是耳闻目睹，却少有直接打交道，尽管那些西洋人大多还可以用蹩脚的粤语（广州话）加手势比划与当地人做简单的交流。一天，幸运眷顾了唐方玠——经在澳门务工多年的乡人中介，到了一家用中文为自己起名为"鲍留云"的花旗洋人家做听差，兼职家务。

毕业于美国耶鲁学院（今耶鲁大学）的鲍留云（Samuel Robbins Brown），20来岁，曾在纽约聋哑学校做教师，于1838年携带新婚燕尔的妻子来到中国广州，然后赴澳门筹建马礼逊学校。初来乍到，满口流利的英文。为了适应本土生活，便于传教，正在跟随来华已久的裨治文（Elijah

澳门三巴寺遗址（1856年）

Coleman Bridgman）和卫三畏（Samuel Wells Williams）学中文（即粤语）。再者，他想要找个当地人做"买办"，既帮忙采购生活用品，打理家务，还可以兼职做家庭语言教师，以便于学习和提高粤语。

　　鲍氏夫妇此行是应马礼逊教育协会的邀请而来，他的使命是在澳门创办一间协会学校，取名Morrison Education Society School（马礼逊教育协会学校，时人惯称马公书院），以促进英文教育，向中国人传播基督教义和西方科学知识。学校设在贾梅士洞附近，离马礼逊墓地只有一箭之遥。这间房子面积110英尺×60英尺，此前是普鲁士传教士郭实猎（Karl Friedrich August Gützlaff）所租，其英国籍妻子玛丽（Mary Wanstall）用于开办私塾，招录了容闳等男女学生在此读书。郭氏的私塾因鸦片战争停办，校舍被鲍留云租下来，继续办学，鲍氏夫妇也住在校内。旁边是白鸽巢公园，还有贾梅士洞。校方一经选定这个风景幽静的校址，即准备开张招生。

新办的学校专门招收中国学童，学费全免，包吃包住，学英语，授技艺，也在考虑教中文……

西洋人不远万里跑来中国开办学校，优惠学费，还给孩童那么多好处，是天上突然掉下大馅饼，还是诱惑之后暗藏什么机关？唐方玠半信半疑，不得要领，白昼冥思苦想，晚上也失眠了。

澳门贾梅士洞

西学发蒙澳港湾

道光十九年（1939年），对唐家来说，是不平凡的一年。

这一年，唐廷枢七岁。他的童年与同村的小孩无异，无忧无虑，天真无邪，除了必要如放牛等些许家务之外，便出没在海边嬉戏、山间迷藏之中，每天都在尽情享受童趣的快乐，有时跟同伴忘形玩耍，竟将用餐的时间也抛于脑后，天性使然。

他哪里晓得，父亲正在为他兄弟俩人读书识字的大事寝食难安？

第一节

少小家境穷

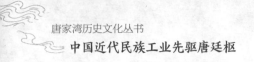

天下难为父母心。

此时的唐方玠，思绪一直受中西文化观念冲撞，一时难以理出个头绪来。在他的灵魂深处，将孩儿送入私塾，循着科举往前走，绝对无疑！但是无钱缴交学费，此路注定走不通，这又是现实！如果不从传统，放弃科举，岂不是给乡邻笑话一辈子？马礼逊学校开学在即，要是将孩儿送入"洋人"开办的学校读书，前途姑且难料，这样选择，岂不是有违千年祖训，失敬列祖列宗？

鲍留云也有纠结，马礼逊学校《招生章程》中，初始是不设中文课程，但是家境稍好的中国人，都送小孩入私塾，赶科场，追求人生仕途，如果学校只教洋文，肯定不被认同，于是增设了中文课程，当然还有必不可少的宗教课。即便是中英文并举，招生还是遇上冷漠，报名者门可罗雀。原计划11月1日开学，学童寥寥无几。为此，鲍留云开出优惠条件：不收学费，免费安排食宿，还提供校服等。然而，上门询问者有之，报名者仍屈指可数。

唐方玠与鲍留云日夕相处，对招生实情了如指掌，他很同情鲍氏的困窘处境，便试探向鲍留云提出让大儿子报名入学——既可缓解孩儿的求学之渴，又可化解鲍氏生源匮乏之急。这个两全其美的提议，鲍氏欣然答应了。

　　就这样，唐廷枢的大哥廷桂成了鲍留云创办马礼逊学校的第一批学生。由于校舍规模过小和师资人手短缺，首届只招收了6名学生；鲍留云一人自唱独角戏，校长兼教员，既管理又授课。唐廷桂在学籍登记册上的中文名为"亚植"，英文名为"Achik"。20年后，大弟廷枢刊行《英语集全》，扉页中也有"植"的署名。

　　唐方玠送廷桂入学的时候，确实有过犹豫。后来他给校长鲍留云写信时追忆道："我不理解，为什么一个西洋人会为我的孩子提供教育和食宿，而不收一分钱呢？我一开始感觉这其中一定暗藏着什么不好的预谋。有可能是想把孩子们从父母身边引诱走，一步一步地把他们送到国外去。"经过耳闻目睹和时间的检验，他才渐渐打消疑虑。

　　两年后（1841年），二儿唐廷枢也告别了唐家村，投入马礼逊学校的怀抱。

马礼逊学校校长鲍留云

中土西学童

马礼逊学校，是为了纪念英国传教士马礼逊博士（Robert Morrison）而设立的，由在广州（一口通商时期）的外国商人和传教士所发起，乃外国人最早在中国本土开办的中西合璧学校。

马礼逊于1807年（嘉庆十二年）东来，在广州、澳门生活了27年，至1834年病逝于广州，安葬于澳门。他是西方基督教新教派到中国的第一位传教士，主要从事译书、办学、办报等传教活动，第一次把《圣经》翻译成中文并出版，独自编撰出版中国第一部《华英字典》，与英国传教士米怜（William Milne）在马六甲创办了第一份中文月刊《察世俗每月统纪传》，又创建第一所中文学校英华书院（Anglo-Chinese College）。英华书院1818年在马六甲建成，1843年迁到香港（1858年停办，1914年复办，至今仍在香港西九龙填海区延续）。马礼逊编写了《中国一览》《华语初阶》《广东省土语字汇》等介绍中国文化和语言文字的书籍，还创办英文通讯刊物《印度支那拾锦》（The Indo-Chinese Gleaner），在澳门出版中文报刊《杂闻篇》。先后为10位中国信徒施洗，其中有首位基督新教教徒蔡高、第一位牧师梁发、最早学会石印术的屈亚昂等。马礼逊无愧为中西方文化交流的先驱者。

为纪念马礼逊的功绩，在广州和澳门的英美人士，如英国驻广州商务监督罗白生（George Best Robinson）、美国传教士裨治文牧师、马礼逊之子马儒翰（John Robert Morrison）、英国怡和洋行行主渣甸（William Jardine）和宝顺洋行行主颠地（Lancelot Dent）、美国同孚洋行行主奥立芬（David Washington Cincinnatus Olyphant）等人，倡议成立"马礼逊教育协会"。1835年2月，教育协会正式成立，22人签名组成一个委员会。

1836年9月，马礼逊教育协会在广州十三行美国馆2号召开第一次会议，但只有几人参加。11月，会议通过《马礼逊教育协会章程和办学附则》，"以办学或其他形式改善及促进中国之教育"为宗旨，规定凡捐赠25元以上或每年认捐10元以上者均可成为会员。到开首次会议时，便已经筹得5977元，而教育协3会的图书馆收到捐献书籍约1500册。1837年9月，教育协会再召开年会，选定颠地为会长，格林（J.C.Green）为副会长，渣甸为司库，裨治文为通讯书记，马儒翰为记录书记，丹拿（R.Turner）、金恩（C.W.King）为审计员。

1839年11月4日，马礼逊学校在澳门正式开学，鲍留云担任首任校长。1841年11月1日，十岁（虚岁）的唐廷枢踏入澳门马礼逊学校发蒙。他在学籍登记册上的中文名为"亚驱"，英文名为"Akü"。乳名"驱"和书名"枢"，本地发音都读"Kü"，只是书写有明显的偏旁差别。同期入学的，还有邻村东岸的黄胜。

唐廷枢与大哥廷桂同校，但择校的背景不同。如果说，大哥入读，全由父亲"包办"的话，那么，唐廷枢进校，则有"自主"抉择的成分。大哥肄业的两年间，唐廷枢常来"访察"，在幼小的心灵中放飞过思维，为自己是否入读该校做过思考，并展示了独到的智慧与判断。其在著述中作过这样的回忆：澳门是葡人掌控的天下，但是葡语学校都属官办，只招收葡人子弟，不招中国土著学生。重要的是，葡语语种的影响力有限，而

唐廷枢（左）与容闳合照

15

英语涉面广阔，用途广泛，效果会更加显著。由是，他毅然选择读英语，欣然与大哥同校。

与大哥同校，有如天作之合：客观上，自己对学校的环境比较熟悉，便于适应；主观上，父子兄弟同校生活，可增进亲情融洽，便于互动与照应。

只是，唐廷枢此前对学校的认知不过是走马式"看客"的体验，当他以"主角"入读，感受就不能同日而语了。因为，他的学习与生活，完全进入了少小磨砺的全新角色，开始人生应对挑战的新境界。

同样是教书育人，于欧洲文艺复兴后，中西方在教育目的、理念和方法上的差距越拉越大，中国的私塾或书院依然是沿袭填鸭式教育方法，西方人的办学理念更注重于"以学生为本"，以"教化"为旨，从小培养独立的人格精神：马礼逊学校配给每人一间单房，除上课和集体活动以外，学生要在自己的房间完成作业，自己整理床被、打扫卫生，一切自主自立。唐廷枢自然不能例外。

马礼逊学校作为英美传教士主持的学校，并非单纯灌输宗教或英文，其初级教育颇具中西合璧之风貌。课程既授英文，也教中文，中文聘请唐姓和黄姓两位中国先生讲授。课程有必修的《圣经》，更多的是通俗常识和科学知识。如英语（口语、语法、阅读和写作）、算术、心算、代数、几何、物理、化学、力学、生理卫生、历史、地理、美术等，兼有铅笔书法和硬笔（蘸水笔）书法课。课程由浅至深，从低到高，难度逐步增大。

学习时间安排得很紧凑，强调教徒式的自律：早上六点钟上课，晚上九点钟结束。一般是上午讲授中文和汉字书法，下午和晚上修英语，偶时课程会有调整；下午三至四点，安排一小时户外和娱乐运动。每逢春节，有一个月的假期。

学习英语的方式是逐步递进，先学字母，后习单词，进而修炼简句，通过理解与提问，作简单的对答。比如：What is this（这是什么）？This is a room（这是房间）。学完简单读本，接下来是学校自编的讲义，内有1200条英文短语的翻译习题，要求译成中文短句。第一年的大半时间，唐廷枢每天都在阅读和背诵这本教材，间中还进行写作训练。

毕竟，一群中国儿童凑在一起学英语，依靠课堂及课外的死记硬背，水平的提升很不见著。如何激励英语水平的提高，一件轶事值得一提。大概是1842年5月间，有同学发现《广州纪事报》（*Canton Register*）刊载一则评论，指出：对于英语，如果人们不经常开口说，就永远也学不会。这则消息颇具启迪，引起了强烈反响，唐廷枢和唐廷桂所在的两个班议论纷纷，一致"决定"要营造氛围：除了与本土人士交谈，或在课堂用汉语背书等特例，同学间交流只用英语，不再讲中文。为了保障对这个口头"规定"的执行力与权威性，对高年级同学的违规罚款是低年级的五倍，当周的任职班长厉行收缴罚款，上交校长鲍留云，用于购买图书，捐给图书馆。前期，罚款屡有出现，罚金相当可观。半年之后，违规逐渐减少，直至踪影全无。这一自发激励的措施，有效地加速了英文水平的提高，尤其是高年级同学以身作则，示范有加，这让鲍留云非常开心，马礼逊教育协会也对这一举措赞许不已。

中文开讲《论语》《孟子》《春秋》《礼记》《易经》《诗经》等典籍，朱熹的《四书集注》，以及中文版《圣经》。不过，书经虽然读得流利，但其中的乾坤太深奥，只有留待日后慢慢领悟了。

求知的强度越大，时光溜得越快，转眼间，唐廷枢在马礼逊学校已届一年。

天有不测之风云。鸦片战争后，英国于1842年8月29日强迫清政府签订《南京条约》，并割占香港岛。马儒翰出任香港候任总督璞鼎查（Henry Pottinger）的译员和华民秘书，马礼逊教育协会建议马儒翰，将马礼逊学校迁移至香港，璞鼎查考虑到香港岛正缺西式学校，即同意拨出一大片土地建校。澳门马礼逊学校于1842年11月迁到香港继续办学，成为香港具有西方色彩和教会性质的第一所学校。唐方玠为了保证和照顾两个儿子顺利续学，与鲍留云签订了继续雇佣的合同，与儿子联袂迁往新校址。可见唐方玠与鲍氏夫妇相互间已相当信任。

第三节
青衫十年功

香港马礼逊学校位于湾仔海边一座名叫飞鹅山的小山顶上。山下是黄泥涌村，以及跑马场，跑马场边是外国人坟地。此山树木茂密，不少飞鹅栖息其中，故有飞鹅山之称。学校迁来以后，人们遂将飞鹅山改称Morrison Hill，香港人将"马礼逊"写成"摩理臣"，Morrison Hill也被译为摩理臣山。

有一段褒扬鲍留云的文字，间中也赞美了马礼逊学校的风光，兹引录于下，以展示其诗情画意：

> ……外国重文人之学，他邦求识字之人，聘黄夫子而谈经，请唐先生而论道。鲍留云先生，系合众国之肄业士，飞鹅山之传道师也。以幽雅之地作书院，选灵秀之子为徒。斯地也，前通大江，后连峻岭；西爽朝来，南熏午接；间栽绿竹，或植青蕉。窗开四面，书堆十围。鲍先生居之，窥夜月以横经，光映琴案；对奇花而展卷，香满书房。赏远近之胜，乐朝夕之宜。留连翰墨，嗜好图书。咿咿高吟，喜门徒之立志；循循善诱，赖夫子以裁成。[1]

马礼逊学校没有取过中文名，因其建在飞鹅山而称"飞鹅山书院"，也有称为"马公书院"的。1843年，广东布政使黄恩彤在《抚远纪略》提及游

---

[1] 唐先生序，合众国鲍留云易编：《致富新书》，粤东香港飞鹅山书院藏板，1847年（道光二十七年）。

览香港所闻有曰："有天主教一、书院一，规制狭隘。书院称马公书院，盖马礼逊之老父马礼逊，颇通汉文，在粤最久，曾充副使，进贡入京，英人推为文学士，故书院乃假其名也。"

马礼逊学校仅一层，由主楼和两翼组成。主楼长63英尺、宽55英尺，有6个房间，每间长20英尺、宽25英尺。两翼长宽相同，长63英尺、宽24.5英尺。西翼为教辅用房，各长25英尺、宽21英尺，分别为教室、教育协会图书馆和储藏室。东翼分设22间宿舍，每间备有床和书桌等基本用品，足够20个男生和两位中国教师居住。学生每人单间，显出有别于中国传统书院的特色。校长鲍留云十分注重自学能力和道德品格的培养。他认为，配置独立空间，可培养学生的自尊心，以及对学校的信任，在房间读书写字，避免打扰而专心学业，养成自立习惯，为日后的独立工作打好自强的基础。

唐廷枢的课程除了中文典籍和汉译《圣经》，其他教材都是英文，《马礼逊教育协会第五次年度报告》所列马礼逊学堂的课程有：

数学：科尔伯恩（Colburn）的《算术入门》《算术》《代数》和《心算》，高登（Gordon）的《算术》，普莱菲尔（Playfair）的《几何学》，欧几里得的《几何原本》等。

地理：帕利（Peter Parley）的《儿童地理》、盖伊（Joseph Guy）的

香港维多利亚港湾。左侧山顶建筑为原马礼逊学校校址所在。

《学校地理课》、摩尔斯（Sidney Edwards Morse）的《学校地图集》和《地理和地图》、奥尔尼（Jesse Olney）的《地理入门》等。

历史：帕利的《儿童版世界历史故事》、休姆（David Hume）的《英国历史》、凯特利（Thomas Keightley）的《英国史教材》等。

读写：盖劳特（Thomas Hopkins Gallaudet）的《母亲启蒙书——教孩子如何阅读》《标准拼写教材》；《学者文摘》；宾特立（Rensselaer Bentley）的《读者画报》；古德里奇（Goodrich）的《第二读者》和《第三读者》等。

宗教：《新约》《旧约》，约翰的《福音书》等。

力学：牛顿的三大运动定律和万有引力定律。

心理、卫生：盖劳特的《儿童心灵读本》（*The Child's Book on the Soul*），泰勒女士（Mrs. Jane Taylor）的《儿童生理》（*Physiology for Children*），皮特（Harvey Prindle Peet）的《聋哑人入门教材》（*The First Course of Instruction for the Deaf and Dumb*）等。

课程以科学知识、世界知识为主，可见唐廷枢所学的知识广泛，视野开阔，贴近时代，非常实用，而且先易后难，逐渐高深，有利于激发求知兴趣和循循善诱。

学校的英文教材，多来自马礼逊教育协会会员或友人的捐助。比如，英国商人贝尔（William Bell）从英国寄来课本和教学用具；福克斯（Fox）从英国寄赠算术教材、课本；鲍留云的夫人的长兄柏立（D.E.Bartlett），从美国纽约聋哑人学校（New York Institution for Deaf-mutes）寄来不少有价值的教材。[①]1847年，英国圣教书会捐赠了一批图书；美国联合主日学校和美国圣教书会，通过马礼逊学校教师邦尼（Samuel William Bonney）捐助了教学课本。

---

① 张伟保：《马礼逊教育协会第五次年度报告》，载《中国第一所新式学堂——马礼逊学堂》，中国社会科学出版社，2012年，第206页。

马礼逊图书馆1836年藏书1500余册，1840年增至2000册，1845年增至4142册。英文书籍主要有语言学、圣经、文学、理学、法学、艺术、地理、历史、航海记和游记，还有关于中国和东方的典籍。

音乐可以陶冶品性，昂扬生活激情。但学校没有专门的音乐教材，唐廷枢等喜欢西洋音乐的同学，会偷空请求鲍留云教授声乐，习唱英语歌曲，[①]因此学会*Anniversary Hymn*、*Let Us Close the Tuneful Hour*等宗教歌曲。每逢重大集会，同学们就会尽情歌唱表演。

求学期间，唐廷枢除了必修课程，还可阅读罕见的英文报刊，获取世界各地的新闻快讯。1842年，史雷德（John Slade）开始向学校赠送由他主编的《广州纪事报》，报纸置于教室。同学们都为这种特殊享受感到自豪，如能读懂报纸的内容，就会非常高兴，手舞足蹈。报纸拓展了兴趣视野，引发了他们对新闻的关注，也燃烧起关注世界与中国的情怀。

唐廷枢的课外涉猎较广，知识面日渐拓宽。鲍留云也乐意为其增加课外作业，通常让他晚上将当天关注的事物用英语作文，第二天将习作拿到课堂修改，如果他自己提不出修改意见，鲍氏会让同学提建议。通过各抒己见的思想碰撞，既开阔了全班的思维视野，也提高了作文的思维逻辑和分析判断能力，英文的写作水平也在潜移默化中提升。

学校的考核别具一格，此举一例。1845年9月24日星期三下午五点，马礼逊教育协会主席裨治文，以及会员理雅各（James Legge）、鲍留云、邦尼、史丹顿、马儒翰、《德臣西报》（China Mail）老板萧德锐（Andrew Shortrede）等在马礼逊学校召开第七次年会。七点半，依次对四个班进行考核。

先是，同学们唱起*Anniversary Hymn*，鲍留云弹起塞拉芬簧风琴伴奏，作为考核的前奏曲。

---

① 《马礼逊教育协会第四次年度报告》，载《中国第一所新式学堂——马礼逊学堂》，第194—195页。

第四期班学生最先上台，他们年纪最小，入校时间最短。先是朗读《新约圣经》，发音非常清晰。接着流利地将英语常用词语和短语翻译成汉语，汉译英也同样准确流畅；在黑板上书写的译文，亦可圈可点。然后以合唱结束测试。

第三期班展示了与第四期班相似的程式，在黑板上做练习和心算时，反应更加迅速。接着兴致勃勃地演唱，和着 *Tell Me Thee Days* 的调子。

唐廷枢所在的第二期班和第一期班的同学，由于时间有限，仅是测验算术、地理和即兴作文。测试间隙，同学们唱起"Let us chant the evening song, and the joyous notes prolong, Sing the round, swell the song"。

九点半，考核结束，悦耳时光（*Tuneful Hour*）再次唱起，[①]歌词为："Let us close the tuneful hour, With affection's hallow'd lay, Knowledge we must all pursue; Strengthen'd now by music's power, For the duties of the day. Knowledge we must all pursue. In the morning of our life, Never act as i-dlers do, Ne-ver join in bit-ter strife".

考核形式轻松，背诵课文、英译汉、黑板做题或作文，锻炼了同学们的综合素质和表演能力，阐扬了西方"敢于展示自我"的教育理念。

1846年，学校开设翻译课。第一期班一位同学将美国著名政治经济学家约翰·麦克维克（John McVicker，1787-1868）的《政治经济学纲要》（*Outlines of Political Economy*）[②]译成中文，几易其稿，又请中文教习修订，鲍留云见其简明、通俗、常识、实用，改名为《致富新书》，于1847年（道光二十七年）刊行。该书署"合众国鲍留云易编"[③]，"粤东香港飞鹅山书院藏板"的字样。

《致富新书》的翻译出版，充分彰显了学校英文教学成果。鲍留云在

---

① 《马礼逊教育协会第七次年度报告》，载《中国第一所新式学堂——马礼逊学堂》，第237—240页。
② John McVicker, *Outlines of Political Economy*, New York: Wilder & Campbell, 1825.
③ 该书于1872年日本翻刻本时，署"合众国鲍留云易编"。"易编"即译编。

《致富新书》1872年日本翻刻本

1846年《马礼逊教育协会第八次年报》上记述："这是一本有关西方政治经济的专题著作，该著作由我们书院的一名学员翻译成中文，这本翻译现在正在广东进行印刷出版，将来会作为免费的刊物"。另有补充说："在这名学员翻译和几次修改之后，由一名中国的教员来帮他修改。一个在广东的绅士热心地帮助我们免除了出版和印刷这部作品的费用，所以这本翻译很有可能会出版，在10月份的考试中，它就可以正式流通。"①他感慨地指出："当我看着这部作品的时候，我会感到更加欣慰，因为这是实现马礼逊教育协会宏伟目标的开端，即用汉语将外国的科学介绍给中国。如果我们坚持不懈的话，那么也许我们会看到知识之花开在中国的那一天，从这件事中我们已经看到了曙光。"②

《致富新书》计56页，不足2万字，19篇，每篇论一事，即《论用银格》《论百工交易》《论商事》（二则）《论贸易》《论工艺》《论农工

---

① 《马礼逊教育协会第八次年度报告》，载《中国第一所新式学堂——马礼逊学堂》，第269页。

② 《马礼逊教育协会第八次年度报告》，载《中国第一所新式学堂——马礼逊学堂》，第269页。

商贾》《论市价》《论平贱》《公务》《学业》《贫约》《论求财》《并处世良规》《论银用》《并用银例》。《论商事》论述商业在社会经济体系中的地位，解释"贱买贵卖"模式对社会和民众的重要性。《论贸易》讲述国际贸易的基本原理。《论农工商贾》讨论分工问题，强调商业的价值，对广东贸易评价很高。"今何幸天下通商也。粤东城中，文人叙会之区，商贾往来之地，近悦远来，群贤毕至。所以天下至难得之物，亦得而有之，何其幸也。"《论土地》认为土地不能平均。《贫富分业》认为财富不能"平分"。《论用银益人》强调货币流通的重要性，认为"守钱奴"藏银不用，只能让银等同于泥土石块，没有价值。《论市价》和《论平贱》讨论价格原理。《论公务》讨论税赋原理和政府职责。

校长署名出版的书，译稿出自同学之手，自然在校内引发轰动，对唐廷枢的影响，自是不言而喻！

唐廷枢入学一年多，即1843年4月7日，弟弟廷庚也入读马礼逊学校。他入学登记册的中文名为"亚扶"，英文名为"Afú"。马礼逊学校迁到香港，容闳也来插班。容闳回忆：他是家中幼子，父亲将两位大儿送入私塾，就是想家中有人走上仕途，让他到澳门和香港就读西学，则希望他熟悉洋文，日后像广州十三行或澳门街的"买办""通事"一样，给洋人"听差"，或者与外国人做生意，借机发家致富。当绝大多数中国家庭遵循传统将儿子送入私塾时，唐廷枢兄弟三人却走上一条取向不同的道路。他们进入一所正规的、中西合璧的学校，习得中英语言和中西方文化知识，获致沟通中西文化的"敲门砖"，开阔了世界视野，接受了商业近代化的新理念，积淀了与西学相关的人脉关系。

唐廷枢就读期间，先后任教的老师有：美国耶鲁毕业生鲍留云夫妇、英国传教士美魏茶（William Charles Milne）、美国传教士文惠廉（William Jones Boone）夫妇、美国传教士哈巴安德（Andrew Patton Happer）、美国传教士麦嘉缔（Divie Bethune McCartee）、英国传教士吉莱斯皮（William Gillespie）的夫人、美国传教士邦尼（Samuel William

Bonney）、美国耶鲁毕业生咩士（William Allen Macy）等。

从1839年到1849年，学校的师资常有变动。1840年，招收第二批7名学生后，鲍留云夫人参与授课。美魏茶每天来授课1小时。美魏茶毕业于英国阿伯丁郡马修神学院。1841年4月至9月，鲍留云夫妇赴南洋休养，文惠廉夫妇和美魏茶接手学校工作。①文惠廉就读于美国南卡罗来纳大学，毕业于弗吉尼亚神学院，获医学博士学位，才学俱佳。1847年，鲍留云夫妇返回美国，携容闳、黄胜、黄宽三名学生往美国留学，校务交由咩士接办。咩士与母亲联袂来华，接手校务后，其母亲协助教学和管理。马礼逊学校的教师大多毕业于名校，或获博士学位，乃旅华传教士中的佼佼者。

良师出良徒。唐廷枢兄弟在学校接受的优质教育和熏陶，对学习中西文化，培养良好人格和沟通协调能力，有着积极的影响，也为未来事业发展打下了扎实的基础。唐廷枢的父亲给鲍留云的信中曾有过感恩戴德的忆述：

> 现在我懂了。我的三个儿子自从入学以来，在你们学校待得都好好的，没有受到任何伤害。我的大儿子现在已经成为一名合格的译员，为大众服务。其他两个儿子也都没有学坏。我一开始对你们教他们的宗教心有余悸，但现在宗教使他们变得更好了。虽然我们国家的传统禁止我信仰这个宗教，但我个人相信这个宗教是真实的。我现在没有任何的顾虑了。你们的辛勤劳动并不是为了自己，而是为了他人。现在我完全理解了。②

马礼逊学校学生，1839年第一批6名，有唐廷桂。1840年第二批7名。1841年第三批16名，有唐廷枢。1843年4月至5月间，第四批13名，有唐廷

---

① 《马礼逊教育协会第三次年度报告（1841）》，载《中国第一所新式学校——马礼逊学校》，第156页。
② 《马礼逊教育协会第七次年度报告》，载《中国第一所新式学堂——马礼逊学堂》，第247—248页。

庚。9月又招收了新生，学生总数达32名，期间流失情况严重。

马礼逊学校一直由英美等国教会和传教士的支持办学，却不算真正意义的教会学校。其教育方针不是以宗教为主，未强制学生信教："学校的目标和努力，与教育协会所有公共活动一样，都是为了启发智力，改正不良习惯，控制急躁情绪，根除虚假信条，建立正确信念，使学生在家庭、工作和生活各方面有所收获；改进自己的弱点，高尚自己的品格。简单来说，就是使他们幸福快乐，受人尊重，让他们成为真理的朋友，为人类造福，为上帝尽责。"[①]该校的毕业生，大多从事买办、翻译等职业。1872年唐廷庚致函理雅各，提及未入教的歉意："我真的是太多的地方受益于教堂和我的教师。我知道忘记了您教授的福音是不对的。我越琢磨这事，就越觉得羞耻和痛苦。我必须恳求您的宽恕"。[②]

1849年，马礼逊学校停办，大致因为：五口通商以后，传教士和商人大量北上上海、宁波、厦门等地，马礼逊教育协会的主要成员颠地回英国，马儒翰去世，鲍留云返美国，所获赞助逐年减少；英华书院自马六甲迁到香港，分走了部分生源，也分走了部分香港政府的资助，政府甚至停止对马礼逊学校的资助。

学校停办，学生被分散安置，唐廷枢和唐廷庚转到理雅各办的私立学校，至1851年春间离校，唐廷枢则跟随史丹顿牧师（Rev.Vincent Stanton）学习。唐廷枢师从理雅各学习的时间不长，依然建立了深厚的师生之谊。

20岁的唐廷枢，告别了十年寒窗的西学生涯，步入社会，开始人生新征程。

---

① 《马礼逊教育协会第四次年度报告》，载《中国第一所新式学堂——马礼逊学堂》，第193页。

② Legge collection, Archive of the London Missionary Society, 转引自Smith, Carl T., "The formative years of the Tong Brothers: pioneers in the modernization of China's commerce and industry", *Chung Chi Journal* 10, No.1&2(1971):85.

【第二章】

港沪经世问难艰

走出校园，唐廷枢的文化"仪表"可谓非同一般，不仅英文写得漂亮，说话十足"像个大不列颠人"，而且"彻底受过英华教育"的底蕴，令他信心满满。然而，这些西式"硬件"，却与科举"十载寒窗，只求蟾宫折桂"之体制格格不入，有如风马牛不相及。他只能另辟蹊径，以西学之长，在与西方文化圈的相关行业中施展拳脚了。

1851年春间，唐廷枢初出茅庐，纵然是信心满怀，但是似乎感受不到春风得意，他人生的第一份工作，是入职香港一家拍卖行，当一名普通的低级职员。

第一节

入职探香江

拍卖行给唐廷枢这位新职员派的活儿比较简单，就是充当交易场上的中英文翻译，这对唐廷枢来说，简直是"湿湿碎"（小菜一碟）啦！唐廷枢除了发挥翻译的优势之外，其他事务与杂工无异，无从展示他"中西合璧"的文化底蕴。如是日复一日，月复一月，业务乏善可陈，更谈不上有所建树。但他还是静下心来，一边从业，一边寻找理想的去向，就这样，打发了大半年。

1851年秋，先前在香港巡理厅供职的长兄廷桂离职，选择只身去美国发展。两个月后，即12月17日，唐廷枢被巡理厅聘任为翻译。意料不到的是，兄弟两人一出一进，都有一个共同的收获，他们在该法庭结识了一位英国籍的同事，成了知交。这个英国人叫李泰国（Horatia Nelson Lay）。兄弟在同一个年份结识李泰国，他们发生的故事，当留待下文分解。

唐廷枢对巡理厅翻译的职位挺惬意，办起事来特别有激情。他不仅英语口才出众，而且尽心尽责，工作态度和能力渐渐得到上司的赞许。两年后，被升任为巡理厅首席翻译（Chief Interpreter）。令唐廷枢不解的是，提职不加薪——大哥廷桂当年在翻译这个岗位的年薪就有125镑，而他当首席翻译的年薪仅100镑。1854年，鉴于薪酬的不合意，以及薪水难以养家糊口，唐廷枢向巡理厅提出增加年薪的请求，即获应允，年薪增至150镑。

供职翻译期间，西方先进的工业品不断涌入，促进了香港商业市场持续兴旺，唐廷枢耳闻目睹，开始尝试将收入之余额用于投资商业活动。据《遐迩贯珍》1855年第5号记载，香港只有当铺9间，而市场需求较大。经过市场调查，他准确了解到香港的当铺最多不超过12家，大约从1854年开始，他先后在香港和澳门投资开设当铺两家，雇员管理，从小到大，前后经营了4年，每年约赚到24%~45%的赢利。如此高的收益，对于一位20岁出头的年轻人来说，体现出他独到的商业眼光和经营头脑。

1856年1月，唐廷枢辞去巡理厅翻译职务，入香港大审院（最高法院）担任首席华人翻译，历时两年。唐廷枢在巡理府法庭和最高法院共计工作了七年期间，接触了大量的法律案件，开阔了实务的视野，在处理此间的诉讼事务中涉猎许多西方的法律知识，从而积累了关于西方政治、经济、社会等领域的诉讼经验，为日后与西方政商界人士进行交涉，提供可贵的参照与借

19世纪60年代的香港岛维多利亚港

鉴案例。

香港的法律问题，自从英人侵占港岛以降，变得愈发复杂起来。首当其冲者，多了一层华英关系，而且涉及国际法、突发的案件较多；港岛四面环海，走私和海盗案尤其猖獗；居民良莠不齐，鱼龙混杂，社会治安状况比较复杂。因此，法律问题，成了香港社会发展的当务之急。

为了打击和惩治犯罪，维持社会秩序，港英政府于1841年成立了巡理厅作为基层法院，1843年成立了定例局（立法局前身）。此后，香港便有了两级法院，在巡理厅的案件由巡理厅一人审判，在最高法院的刑事案件由按察司（最高法院法官）一人会同陪审团审判。1844年的《最高法院条例》第3条规定英国法律适用于香港，但在涉及华人的刑事案件中，可依据中国法律进行审判。比如：针对华人罪犯判处可用中国惯用的刑罚，如笞刑、带枷示众、剪掉辫子等。但是，1846年定例局通过的《最高法院条例》重新规定，1843年4月5日的英国法律适用于香港，除非有关法律并不适合香港本地的情况或其居民，或有关法律已被香港立法机关修改。比如，根据中国传统习俗的婚礼以及纳妾，被香港法制承认，并有法律效力。①正是这种华洋混居、华洋共治的局面，使得法庭翻译在香港政府中具有非常重要的沟通和协调作用，而具有英语扎实基础的人才，有了广阔的舞台和极大的发展空间，自然也吸引了马礼逊学校学生的青睐。1856年10月，唐廷枢的弟弟唐廷庚离开理雅各私立学校，入香港最高法院特纳律师（George Cooper Turner）处当职员。

事物总是在矛盾运动中发展的，唐廷枢的翻译生涯也免不了矛盾和冲突。

由于香港法院的法官都是英国人充任，他们对中国人往往怀着不信任的心态，对所有案件的审处，尤其是涉外案件的审判结果，大多都偏袒洋人，而对中国人不利。唐廷枢只能看在眼里，记在心头，忍气吞声，难有抗争的

---

① 王赓武主编：《香港史新编（增订版）》（上册），三联书店（香港有限公司），2017年，第447—450页。

份儿。

1856年10月，英国军队借口"亚罗号事件"，蓄意挑起事端，炮轰广州城，发动第二次鸦片战争。这次横蛮的侵略战争，激起了香港华人的义愤，他们与英国人的对立情绪一下爆发起来，一些爱国人士选择辞工离开香港返回内地，还有一些爱国人士贴出告示，呼吁中国商人不要将商品售给英国人。其间，出现的"毒面包事件"引发严重关注：

1857年1月15日，住在香港400多户英国人吃完早餐，全都出现腹痛呕吐、四肢乏力等中毒症状，被送到医院抢救，医院的一些医生也出现同样状况。经过检查和化验，他们吃的面包含有高浓度的砒霜。幸好，他们吃完面包出现呕吐，把毒素迅速吐出，加上抢救及时，无人因此丧命。但是"毒面包事件"受害群体几乎是所有在港的英国人，消息轰动一时，也极大地震惊了英国本土。香港警方立即追查面包来源，发现全由中国人张亚霖开设的裕盛办馆所供应。警察迅即赶到裕盛办馆搜查，该店还在正常营业，只是老板张亚霖和家人一起去了澳门。张亚霖在澳门得知"毒面包事件"，即于次日坐船回香港投案自首。张亚霖口供说自己是无辜的，并非下毒者，对中毒事件毫不知情，而且他的父亲和妻儿也吃面包中毒。经过警局反复调查，仍然找不到证据，结果是强行将张亚霖在港产业没收，并将其驱逐出香港，终生不得返港。"毒面包"一案经过高压处理，表面平息下来，但是更加诱发了香港英华居民矛盾情绪的高涨，猜忌与对立达到顶峰。香港政府进一步加强对华人的监控和管治。与此同时，英国内阁借机大造舆论，煽动国内敌对情绪，促使议会扩大对华战争，并将第二次鸦片战争的战火从广东烧到了北京，进而逼迫清政府签订不平等条约，割地赔款，增加通商口岸，以满足其不断扩张的侵掠胃口。

"毒面包事件"还未了，唐廷枢自己也被卷入指控的漩涡。

正是在中英矛盾对立尖锐期间，港英当局加大对华人或亲华友好人士的指控，以打击和排斥有正义感的华人或港英政府的亲华派。

事情的缘起是，英军抓获了一名美国籍海盗，该海盗匿名指控，说香港华民政务司兼抚华道高和尔（Daniel Richard Francis Caldwell）与中国商人黄墨洲（Ma Chow Wong）有勾结海盗行为，唐廷枢也牵涉其中。

高和尔是一名英国混血儿，自小随父亲在新加坡长大，熟悉中国方言，又懂得马来语、印度语和葡萄牙语。第一次鸦片战争爆发，他以翻译员身份随英军舰队到中国，随后定居香港。由于他会汉语，被巡理厅和最高法院聘为翻译，后升为助理警长。或许缘于他娶中国女子为妻，与中国商人关系较好，所以易于收集情报，多次协助英军成功打击香港附近的海盗。但是，高和尔因要求加薪不果，选择了辞职，遂与中国商人黄墨洲合营船运业务。1856年，第二次鸦片战争开战，香港总督宝灵（John Bowring）重新聘用高和尔出任华人政务司兼抚华道。次年，"毒面包事件"爆发，华英对立情绪高涨，亲华的高和尔则成为被排斥对象。1857年7月16日，黄墨洲被控勾结海盗，高和尔为之辩护。接着，连高和尔也被指控存在勾结海盗等违法行为。港英政府专门成立调查委员会，结果仍是证据不足，但是为了平息事件而将高和尔革职。

英华矛盾冲突，用一句实质性的话概说，就是强权之下无公理。期间，唐廷枢曾面对几项"莫须有"的指控，多是指其在法庭翻译和辩护时有"祖护"华人之嫌，虽然均未查到证据，更无从确认，却被当地报刊披露出来，致使他的声名大受影响。此次，陷入高和尔和黄墨洲事件的指控和反诉中，政府职员中也有少数人支持唐廷枢，如律政司晏土地（Thomas Chisolm Anstey）便是其一。他称"唐亚枢乃华洋两界最有才干之通事，连高和尔亦不及他……他诚实可靠，我深信不疑"。但是，在港英政府内充斥着打击正气、排挤正义的妖氛之下，香港已成为是非之地，对他在最高法院继续工作已经极为不便，于是唐廷枢选择了辞职。

冰冻三尺非一日之寒。举凡"无厘头"（莫须有）的指控，于最高法院毅然而悄然的辞职，对唐廷枢来说，是何等的刻骨铭心！华夏的尊严，民族的气节，在血气方刚的唐廷枢的灵魂深处，经已植下了不可磨灭的种子！

第二节

涉足江海关

1858年，唐廷枢告别香港最高法院，即与一位转变其命运的人物心有灵犀，他就是本章开头提到的英国人李泰国。

李泰国生于1832年，与唐廷枢同龄，乃英国驻厦门领事李太郭（George Tradescant Lay）之子，1847年来中国，在香港跟随郭实猎学习中文。1849年6月，入英国驻香港商务监督处中文秘书部做编外翻译。1851年3月3日，入香港巡理厅做翻译，次年4月到英国驻广州领事馆任助理，1854年5月调任英国驻上海领事馆副领事兼翻译。1855年6月7日任江海关税务司，1859年被清朝政府任命为大清海关首任总税务司。李泰国娶理雅各的大女儿伊丽莎（Eliza Elspeth Legge）为妻。唐廷枢和李泰国，一位是理雅各的得意门生，一个是理雅各的乘龙快婿，两人在香港巡理厅做过翻译。李泰国对唐氏兄弟的人品、英语水平和办事能力多有了解，这为后来的互动积淀了互信的基础。

1858年，李泰国作为英方代表出任江海关税务司，邀请唐廷枢到江海关做翻译。江海关的办公地点设在上海，早在1854年，苏松太道兼江海关道吴健彰（原名天显，字道甫）与英、法、美领事达成协议，海关道仍由中国人担任，

李泰国（1832—1898年）

但是掌握海关大权的税务司则由英、法、美三国各派一位司税，组成关税管理委员会，负责江海关事务，江海关从此落入外国人手中。

唐廷枢考虑再三，对香港和上海的发展作了比较，认为香港岛是弹丸之地，发展空间有限，又与广州和澳门竞争。到1855年，外国人不到1000人，华人54000多。[①]对比而言，上海地扼长江出海口，依托江浙富庶之乡为腹地，由于受太平天国运动冲击，四五十万人涌入上海避难。庞大的人口带来了人才、资金、技术和消费，推动了上海社会经济的加速发展，上海成了中外冒险家、商人的乐园。对商人而言，上海比香港有更多的机会。再者，长兄廷桂曾于1843年赴上海担任英国驻上海第一任领事巴富尔（George Balfour，马礼逊教育协会会员）的翻译，见证过上海开埠以及上海英租界诞生过程，其充满"冒险"的挑战，那"美好而迷人的向往"，无疑对唐廷枢亦富有"无形"的驱动。

"天生我材必有用，千金散尽还复来。"唐廷枢放弃熟悉的香港，闯荡上海，即将解脱香港霸道政治紧箍的束缚，迎接上海发展机遇的挑战。"祸兮福所倚"，此

---

① 《遐迩贯珍》1855年5月第5号。

江海关大门

间，唐廷枢对前程的祈望，当不出此愿。

上海滩，古老、新兴而又神奇。

上海因位于松江（吴淞江）下游支流上海浦而得名。唐代中叶始置华亭县（松江），1267年（南宋咸淳三年），设立镇治，派镇将驻守。因地处上海浦西侧，便称"上海镇"。1277年（元朝至元十四年），上海镇设立市舶司，与广州、泉州、温州、杭州、庆元、澉浦合称全国七大市舶司。市舶司衙门设在后来的上海县署内，1553年（明嘉靖三十二年），为抵倭寇筑上海城，归属南直隶松江府管辖，松江府辖境为全国最大的棉纺中心。清袭明制归属江南省松江府，设江海关。

上海处于长江出海口，乃长江流域贸易往来和出口海外的中转站。明清时就有"苏松财赋半天下"之说。明末清初，因闭关政策和仅留广州"一口通商"，上海的发展缓滞。

鸦片战争以后，《南京条约》将上海划为五口通商之一口。1843年11月8日，英国驻上海领事巴富尔一行乘坐"美杜莎"号到达吴淞，租住在上海县城内，于17日宣布上海开埠。随后，外国传教士、领事馆人员、冒险家、商人等接踵而至，相继开设了11家洋行。为避免中外人士杂居造成困扰，苏松太道宫慕久（竹圃）主动提出，于上海县城外划定一块区域，租借给巴富尔，"华洋分居"，便于治理，无形中开了"租界"的先例。经过反复相商，1845年11月29日，宫慕久公布《上海土地章程》，划定租界面积830亩，每亩的年租金1500文，这就是中国近代史上第一个租界——上海英租界。

1858年唐廷枢来到上海，任职江海关副大写，供职的地点就在英租界。所谓"大写"即秘书，张之洞有谓"西人用华人为记室，名'大写'"。

在江海关任职两年多，唐廷枢从副大写升为正大写及总翻译。此间，收入丰厚，精力旺盛，工作之余，动起了私下进行商业投资的念头。有鉴香港从商的经历，他雄心勃勃，且胆大心细，经过市场调查，创办了"脩华"号棉花行，收购棉花，再转卖给洋行，赚取差价。他冀望通过兼商所得，开始

1871年上海县城图（应宝时等纂修：《同治上海县志》，同治辛未吴门桌署刊）

自己的原始积累。

1860年，第二次鸦片战争结束。《天津条约》的签订，使长江沿岸的镇江、南京、九江、汉口等地被开辟为通商口岸，允许外国船只自由驶入长江一带通商，外国人可以到中国内地游历经商，外国传教士可以到内地自由传教。1861年，太平天国由盛转衰，上海的各国洋行趁机沿着长江逆流而上，纷纷在沿江新开的口岸设立分行或代理行，抢占商机。

同是1861年，唐廷枢从江海关辞职出来经商，恰逢上海洋行纷纷前往长江沿岸新辟的通商口岸寻找商机。岂料，一个巨大的馅饼从天上掉下来——一次前所未有的商机突然出现——美国南北战争爆发，原来的"棉仓"——南方各州产棉区因战火带来的灾难而大量减产，棉花出口随之迅速滑坡。此时英国机器织布业蓬勃发展，方兴未艾，正渴求大量棉花，英国商人遂将目光投向中国，在上海大量收购棉花。一时间，上海的棉花价格急速攀升，每担从白银九两八钱涨到二十五六两之多。唐廷枢的"脩华"号开张正逢其时，赶上这百年难得的机遇。他左右开弓，低进高出，顿时赚了个盆满钵满，商业才华也得以尽情施展。

谚云：无工不富，无商不兴。闯荡商海，正在催生唐廷枢新的人生取向。此时，江海关的正大写和总翻译这两个职务，对于唐廷枢而言，或许再也没有多大的吸引力，反而成为他发挥商业才华的羁绊。

就在这一年，唐廷枢辞去了江海关的职务，摆脱束缚，开始独自经营他的"脩华"号棉花行，同时开始收购部分茶叶、生丝，与怡和洋行生意往来，试图于上海商界闯荡出一片新的天地。

也在1861年，或许是通过时任大清海关总税务司李泰国的引荐，长兄廷桂以"唐国华"的名字，接替了唐廷枢在江海关的职务，"在新关当通事兼翻译公文，每月辛工银一百七十五两，总理进出税单"。期间，弟弟廷庚也来到了上海。唐氏兄弟三人汇聚沪上，开始谱写他们在上海工商业的传奇。

1862年，唐廷枢的香山同乡林钦（字畅钟）开始充任上海怡和洋行买办。林钦赏识唐廷枢的商业眼光和机灵的头脑，将唐氏介绍给怡和洋行上海分行的经理惠代尔（James Whittall），让唐氏代理怡和洋行的一些业务。此后，唐廷枢经常搭乘怡和洋行的轮船，往来于长江沿岸的镇江、九江、汉口等通商口岸，推销进口洋货，收购土产棉花、生丝、茶业等，以供出口。

这一年，唐廷枢开设的"脩华"号棉花行，为怡和洋行订购了200万元的棉花，价格是每担十六七两。合同签订不久，棉花价格就涨到了每担20多两，怡和洋行和唐廷枢都大赚了一笔。由于棉花价格暴涨，一些奸商趁机往棉花里掺水，或夹藏砂石，一俟棉花运到英国时，大多已经发霉变质，不好使用，甚至不堪使用，导致外商损失惨重，以至一些棉花行因此倒闭，由是洋行对华商的信任度也大大打折。但是，唐廷枢转卖给怡和洋行的棉花并没有掺假的"小动作"，因而赢得了怡和洋行的欣赏和信任。

诚为信，信为品，骨子里的诚信，令人敬畏，更令人感念！

英语集全若等闲

唐廷枢生于忧患，长于忧患，辩证地说来，又是生逢其时，长逢其时。

他十岁入双语学校；十年中西合璧教育，修成英语十分吃香；凭此之长，十年驰骋于港沪译员和商务，亦算如鱼得水。三十而立，他辞掉了江海关之肥缺，在沪上自营商贸，给人的"表面文章"是忙于生计赚钱，而私下还忙于架设一座沟通中西文化桥梁的"济世"愿景，却秘而不宣。

作为一介书生、一位职员、一个商人，一员处于社会底层且是远离政治的边缘人，如何"济世"？他的"拿手戏"体现在哪里？这就是他埋头将编撰多年的半成品书稿《华英音释》编修完善，易名为《英语集全》（一函六卷），于1862年7月在广州出版。在该书的自题（序言）中，人们可以找到其萌发"济世"思想的源头。

英汉字典《英语集全》出版发行，轰动一时，唐廷枢于平凡的商务中第一次谱写了经世的人生奇范。

第一节
"鸟语"通商机

中国人古来就有天朝上邦观念，明末清初的士大夫，就不屑学习西方文化。人们将欧洲语言戏为"鸟语"，把西方文字比作"蟹行文字"。随着大航海时代的到来，最早传入中国（广东）的西方语言是葡萄牙语和西班牙语，19世纪初，马礼逊等英国新教传教士将英语传来广东，随之向沿海及内地扩散。

此间，东南沿海的商人，出于贸易的需要，开始接触英语，将之称为"红鬼番话"或"红毛（番）话"，相关的简易辞典也随之渐次问世。早期的中外字典或语言教材，多是外国传教士或商人为了学习汉语，了解中国文

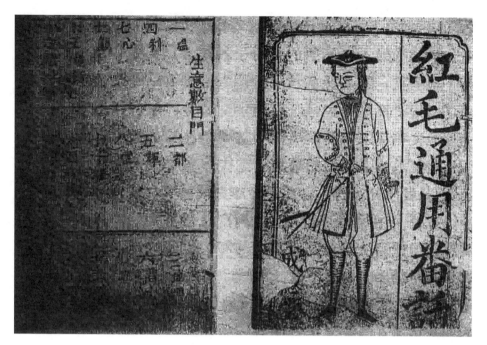

《红毛通用番话》读本（成德堂版）

化，便于传教和经商而编写的。鸦片战争以后，各个通商口岸的中外交流频繁，也出现了中国人编撰出版的英汉辞典或教材，但都是面向本地读者，以本土话注音。比如1855年子卿用广州话注音编写《华英通语》，1860年宁波人冯泽夫用宁波话注音编著《英语注解》，类似的实用读物，还有《红毛番话读本》《通用番话读本》等。这些早期读本，大体按类别分"生意数目门""人物俗语门""言语通用门""食物杂用门"等，每个门类由几十个名词组成，每一词条附有英文字母，用中文标注英语的发音。比如，用粤语注音，从一到十读为：温、都、地理、科、辉、昔士、心、噎、坭、颠。尽管《红毛番话读本》注音不大准确，因为实用，流行颇广，版本亦多。初期的辞典凸显出基本的特点是：词汇量少，发音简化，"广东英语"的成色比较浓烈，绝大多数没有英文标注，重在单词，不重句子。

　　在唐廷枢出版《英语集全》（1862年）之前，已经面世的英汉辞典约有如下几种，见表：

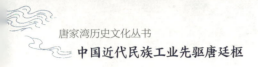

附：1830年至1862年商务英语辞典一览

序号	书名	作者	时间	备注
1	《鬼话》	佚名	1830—1840年	粤音注音广州版
2	《广东英语语词集》	马儒翰	1834	粤音注音广州版
3	《华英通用杂话·上卷》	罗伯聃	1843	官话注音
4	《红毛买卖通用鬼话》《红毛通用番话》《红毛番话·贸易须知》	佚名	1830—1850年	粤音注音广州版
5	《华英通语》	子卿（轶姓）	1855	粤音注音广州版
6	《华番贸易言语通晓》	佚名	1858	粤音注音广州版
7	《英话注解》	冯泽夫	1860	宁波话注音上海版
8	《英语撮要》	佚名	1862年以前	粤音注音广州版

第二节

著书乃济时

唐廷枢为何要编《英语集全》？

他在该书的自题中，一语道出"天机"："辑此书……将及半，因见此书非能济世，辄弃之。"这句话，披露了编辑的初心，是希望以此来"济

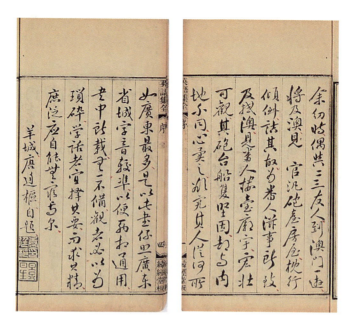

《英语集全》唐廷枢"自题"之手迹（首页、末页）

"世"的，但未及一半，对本书的"济世"功用有所疑虑，便搁置了起来。经过对"时局"的考察，复坚定了"济世"的初衷，遂将之接续编成。书成，成就感不免油然而生，又自谦地说："自知不足以济世，不过为洋务中人稍为方便耳。"他在六百八十余字的序言中两次强调"济世"二字，并非虚言！他一再以"非能"与"不足济世"的字眼，实质上是在重复强调该书济世的意义！序言中还阐述了本书的务实性："因睹诸友不通英语，吃亏者有之，受人欺瞒者有之；或因不晓英语，受人凌辱者有之"，以是，编辑此书。这种实用性的扫盲普及读物，正是对其"济世""扶贫"功用的最好阐释。弦外之音者，扫盲、普及功用的潜移默化，有如一道通向济世宏愿这个终极目标的桥梁。

　　唐廷枢济世思想的内涵是什么呢？自题的开篇，也以浅显的文字说得明白："余幼时偶与二三友人到澳门一游，将及澳，见官汛炮台房屋枕行倾倒，诘其故，为番人滋事所致。及抵澳，见番人楼台、庙宇宏壮可观，其

43

炮台、船只坚固，却与内地不同。心窦之，欲究其人从何所来，所能何事，但想言不通，字不达，欲究无从。莫若先学其文字，便可彼此言语相通。即决意请西洋国博学者受之师。"①这一段文字，表明他要解开"心中的疑虑"：为什么番人的"楼台""炮台"比中国的"宏壮""坚固"，番人何以强大到跨洋来中国滋事？换言之，中国人为何难敌番人，怎样才能敌得过番人？要探究其根底，无疑——通其语言，懂其文字，便是首当其冲了。

可见，唐廷枢的济世思想来自早年的见识。见识，往往是从小到大的耳濡目染，见过的世面越多，便越有分辨力。而对世面的感悟和眼光的拓展，从来不浮于表面上，而淀于骨子里。

唐廷枢为何要选择英语作为编写词典的蓝本呢？这也是源自他的见识。他饶有兴味地回忆少时选择学习英语的缘由：一日，有一长者询问其所学，之后反问他：为何不学英语呢？英国比诸西洋国尤胜，其艺尤巧。其人在我国贸易尤多，英语用途势必日广。经长者指点之后，唐廷枢逐渐积淀了对英语影响力的认知："缘美国即花旗国，与英国本属同宗，其分国以来，历及百载，两国字话均属相同……不但英美两国，即欧罗巴所属各国，如法兰西国、俄罗斯国、普罗斯国（即普鲁士）、阿士地理亚国（即奥地利）、查文尼国（即德国）、意大利国、西班牙国、西洋国（即葡萄牙）、荷兰国、黄旗国（即丹麦）等，并美理加米国（即美国），均系同字同音，独其字瓣安排不同，故其解法亦不同也。外国人到我国贸易，最大莫如英美两国，而别国人到来，亦无一不晓英语，是与外国人交易，总以英语通行。"②

选用英语作为蓝本，为何选用粤语（广府话、广州话）注音呢？唐廷枢认为："粤东通商百有余载，中国人与外国交易者，莫如广东最多，是以，此书系照广东省城字音较准，以便两相通用。"再者，"此书系仿照本国书

---

① 唐廷枢：《自序》，载《英语集全》，羊城纬经堂刻本，1862年（同治元年）。
② 唐廷枢：《自序》，载《英语集全》，羊城纬经堂刻本，1862年（同治元年）。

式，分别以便查览，与别英语书不同，且不但华人可能学英语，即英人、美人亦可学华语也"。①立足于实用便利，这便是唐廷枢编写《英语集全》最朴素的动机。

《英语集全》始编于何时？目前的史料还未能给出准确的答案。

唐廷枢有回忆提及，书稿"将及半，因见此书非能济世，辄弃之。旋游闽、江、浙诸省，到洋务中所，士来问字者尤多……故复将此书校正"。据此推断，"游闽、江、浙诸省"是在1858年去上海之后的事，而在此之前，书稿就差不多"及半"，那么，编辑《英语集全》的起始时间应在是在香港供职期间，不会是刚出道的头几年，有可能是在供职高等法院期间，即1856年左右，此间有了几年留心时务的体验，萌生济世的思考当是自然而然之事矣。但具体起于哪一年，只有待史料的新发现再详细分解了。

唐廷枢长于专心编书，还善于用心包装和推销。他请张玉堂、吴湘两人作序，应是经过一番斟酌的。

张玉堂（1795—1870年），字翰生，号应鳞，自号翰墨将军，祖籍福建，生于广东归善桃子园（今惠城区桥东）。屡试不第，投笔从戎，1834年任广东水师提标前营千总，1847年署理广东水师提标中军参将，1853年任大鹏营守备。1857年4月20日，英军强行要求九龙城将领引渡抗英人员。次日英军两百人袭击九龙城，张玉堂拒不交人，被英军劫持到香港岛，经交涉后获释。张氏文武兼备，能诗能画，尤其擅长拳书和指书，亦善画兰竹、木棉，著《公余闲咏集》。张氏饮儒将之誉，为人豁达，表现过崇高的民族气节，彰显了中华民族的正义与正气。

张玉堂的序言视野开阔，纵横自如，开篇说道：

> 原夫五方土性，毗阴毗阳，刚柔异致。生其间者，嗜欲、语言，因之各别，此必然之理也。夫不通语言，情何由达；不识文

---

① 唐廷枢：《自序》，载《英语集全》，羊城纬经堂刻本，1862年（同治元年）。

字，言何由通。自来中外通商，彼此无不达之隐，必有人焉，为之音释文字，以通语言，亦必然之势也。或曰：'通商不始于国朝，何前代无翻译成书？'是又不然。稽之《礼经·王制》所载象、寄、狄鞮之职，虽有明文，然犹但指其人而言，未尝著为成书也。至《龙威秘书》所纪，外国方言文字，诡谲离奇，不一而足，其见之《说部》。如是，则当时之渐有成书可知矣。我粤自开关招徕外国商人，分部最多，历时亦久，而语言之通，以英国为准。前此，非无《英语撮要》等书，但择焉不精，语焉不详，差之毫厘，谬以千里。凡有志讲求者，每苦无善本可守。至迟之久，而唐子景星，释音书始出。①

张氏笔锋一转，强调唐本之精妙，指出唐本的过人之处：

唐子生长铁城，赋性灵敏，少游镜澳，从师习英国语言文字。因留心时务，立志辑成一书，以便通商之稽考，但分门别类，卷帙浩繁，一时未能卒业。迨壮游闽浙，见四方习英语者，谬不胜指，而执业请讲解者，户限为穿。唐子厌其烦而怜其误也，于是决志取前未竟之书，急续成之，凡阅二年而脱稿，标题曰《华英音释》。今将付剞劂，抱卷质余。余捧檄九龙，滥竽十载，地邻香港，一苇可航，时有诸国使官频来求书索画者，得以晤谈，于语言之间，听闻已久，颇知其梗概，然无书稽考，尚多未得其详。今细读唐子所辑《华英音释》，分门别类，订谬指讹，莫不条分缕晰。至吹唇音、卷舌音心为分，尤发前人所未发，诚为习英语者之津梁也。余嘉乎唐子立意之厚，用力之苦，取法之善，均可不朽。因为志其缘起，缀数语于简端而归之。读是书者，幸加意焉，吾见应用之无穷矣。②

————————

① 张玉堂：《序》，载《英语集全》，羊城纬经堂刻本，1862年（同治元年）。
② 张玉堂：《序》，载《英语集全》，羊城纬经堂刻本，1862年（同治元年）。

　　第二篇序言作者吴湘，生卒年不详，广东平远东石锡水村人，生于四川郫县，1831年（道光十一年）举人，1833年（道光十三年）进士，曾任工部主事、都水司行走等职。唐廷枢聘请其作序，或是借用其文化人和小京官之人脉，以拓展其著作的影响。

　　吴湘的《序言》短小精干，文字掷地有声，强调唐廷枢所编《英语集全》之作用和价值何止于商务？吴序指出：

　　　　今使越裳献雉，西旅贡獒，操其土音而来者，旋沐夫王化而去，与我内地民人初无交共，语言文字固不必相通也。若乃中外一家，华英方互相贸易，则语音不同，弗能达主客之情，书契互异，何以核名物之数。唐子景星，苦心考究，著《华英音释》一编，条分缕述，于发言成声、因声成字之原委，疏通而证明之，俾上智之士，一见了然；中材者流，谛观自得；此何如之，留心世务者耶？吾知体国家柔远之心，在此编；广圣世同文之治者，亦即此编也。行见万里流传，不胫而走，其利益于人者，岂仅属贸易一端哉。①

第三节

开先不为师

　　《英语集全》一函六卷，据1862年（同治元年）版本，封面中文名为顺德罗惇衍（兰生）题写。扉页是作者信息："英语集全，羊城唐廷枢景

---

① 吴湘：《序》，载《英语集全》，羊城纬经堂刻本，1862年（同治元年）。

《英语集全》扉页

《英语集全》内文

星甫著，兄植茂枝、弟庚应星参校，陈恕道逸溪、廖冠芳若黏同订"。标明本书由唐廷枢编写，大哥廷桂、三弟廷庚以及陈恕道廖冠芳参与校订工作。接续为出版信息："英语集全（*Ying Ü Tsap Ts'ün*）or The Chinese and English Instructor, by T'ong Ting-Kü, Canton, 1862"，即本书的广州音书名和英文书名，以及唐廷枢的英文名。往下为唐廷枢于1862年4月21日写的英文前言，张玉堂于1862年4月在香港九龙官署鹅飞鱼跃西楼手书序文，"青溪外史吴湘"于1862年清明节所撰序言，唐廷枢手书的"自题"，《切字论》《读法》《目录》，再往后为正文。

《英语集全》正文六卷，主要内容分述如下：

第一卷：天文（天、日、月、星、风、云、雨、露）；地理（川、河、海、地名）；时令（年、月、日、时）；帝治（宗室、内阁、六部、五爵、朝臣、品级、士农工商、各国人、游民、人伦）；人体（头、五官、四肢、五腑、六脏）；宫室（楼台、户铺、亭、园、池）；音乐，武备（弓箭、刀枪、炮火）。

第二卷：舟楫（船、艇、船上什物、桅、篷、索、马车）；器用（铺中器具、家中器具、玻璃器、刀叉器具、农器、工器）；工作、服饰（衣服、首饰）；食物（内附酒名、茶名）；花木（乔木、果子、五谷、菜蔬、花、草）。

第三卷：生物百体（鸟音、走兽、飞禽、鳞介、鱼、蚌）；玉石、五金（内附外国银钱伸、中国银两图式）；通商税则（进口）、通商税则（出口）、杂货、各色烟、漆器牙器丝货、正头（绒、呢、各色羽毛、布）。

第四卷：数目、颜色、一字门、尺寸、斤两、茶价、官讼、句语（短句）、句语（长句）。

第五卷：人事（一字句至四字句）。

第六卷：正头问答（零碎）、正头问答（成单）、卖茶问答、卖肉问答、卖鸡鸭问答、卖杂货问答、租船问答、早辰问答、早膳、问大餐、小食、大餐、晚餐、雇人问答、晚间嘱咐、买办问答、看银问答、管仓问答、出店问答、探友问答、百病、医药。

《英语集全》并非按照英文字母排序，而是使用中国传统辞书的分类办法，从天文地理开始，百病医药告结，举凡生活、经商涉及的字句，基本收录。

《英语集全》正文，每行右楷体英文，左上中文，左下中文音译，下有广东话解释。如：

> Se hau—Time，时候，太晤，广东番语：点。
>
> Nean—Year，年，夜哑，两字作爷字，上平看。
>
> Miu nean—Yearly or every year，每年，夜哑黎，又曰衣乎黎夜哑。
>
> Se sun—Hour，时辰，欧也。
>
> Yat póh nean—One century，一百年，温山租黎。

《英语集全》内文

Pat kom tong—Thank you，不敢当，丁其哎。

Have you made up your accounts，你算清数唔曾。

Not yet，唔曾。

Ying ngan or San ngan or Ying yung-Mexican dollar，鹰银，又曰新银，又曰英洋，觅思根打哗。

Szk' ung ngan or Kwong yeung-Shanghai dollar，四工银，又曰光洋，卡劳厘士打哗，又曰上海打哗。

为了满足商务交际需求，《英语集全》还设了一章：《买办问答》，列举如下：

When can you let me have it，你几时就俾得过我。

Two days more，迟两日添。

Has Mr. paid his money，未士某某俾了银未。

He will pay tomorrow，渠明日就俾。

Send the shroff for money，叫看银去收银。

He better take two coolies with him，渠更好同两个管店去。

See that the money is weighed，要看渠兑过的银。

If there is anything short，若系唔得够。

I will make him pay the difference，我要渠补足。

Pay this bill，交呢条单。

Take his receipt，叫渠写番条收单。

Put it in my own account，入我名数下。

Don't put it in the house account，莫入公司数。

I have no money to pay this bill，我冇银交呢条单。

I will give you a check on the bank，我俾一张则你去银行收。

Can I pay the bill，呢条单交得银未。

Don't pay it just now，呢吓唔交得。

I want to examine my accounts，我要看过数。

Shall I tell bearer to come tomorrow，咁我话知来人明日来衣。

If you please，多烦你哔。

What is the total of your accounts，你总数几多。

I don't know just now，我呢吓唔知。

Is it correct，着唔着。

How many orders have you got，你有几张哑打纸。

I have not yet counted them，我未有数过。

You must file all these orders，你必要穿埋呢的哑打纸。

Go over your accounts with Mr.，你去同未士某某对过数。

He says he is very busy，渠话渠好多事。

Do it when he has time，等渠闲就对。

I have gone over these accounts，我对过呢条数咯。

Do you find them correct, 对过着唔呢。

There is ten dollars difference, 挣十个银钱数。

Where is your counting board, 你算盘在边处。

Examine these accounts again carefully, 小心算过呢条数。

It is all right now, 呢吓着咯。

Square the old accounts, 算清旧数。

Begin a fresh account today, 今日起过新数。

Make up your account every week, 你个个礼拜要算数。

You ought to be very particular, 你该要清清楚楚。

You mix up your accounts, 你呢的数总倒乱。

Put all the receipts on one side, 来数上埋一边。

Put the payments on another side, 交数上过一边。

Deduct the payments from the receipts, 将来数除去交数。

You will know the balance in hand, 你就知存数尾数几多。

Put all the money into the treasury, 所有银两放入银仓。

《英语集全》全书1048页，以英语单词、词汇为主，也收录一些简单实用的对话，分53门，122类，计12464个单词。词话采用广州话汉字注音，富有浓烈的地域色彩和时代特征。对广东人学习和使用英语、外国人学习广州话，显得系统、方便、实用，充分展示了青年唐廷枢的世界视野与乡土情怀。

一花引来百花开。随着英语与商机的升温，推动了19世纪下半页广州、上海等通商口岸学习英语的风气。商机的活跃同时促进与官方政治文化的互动。1862年（同治元年）京师同文馆创立，江苏巡抚李鸿章在次年正月奏请在上海设立"外国语言文字学馆"，后改为"广方言馆"；广东接着在1864年（同治三年）开设同文馆。英语普及读本的编辑与出版，也在外国传教士、官办出版机构和民间书坊中形成互补。

1862—1912年商务英语教材一览

序号	书名	作者	时间	备注
1	《字典集成》	邝其照	1868	
2	《英字入门》	曹骧	1874	宁波话注音上海版
3	《通商指南》	谭达轩	1876	粤音注音广州版
4	《英字指南》	杨勋	1879	上海版
5	《无师自通英语录》	点石斋画报	1884	宁波话注音上海版
6	《华英类语》	郑聪甫	1893	粤音注音国外版
7	《新增华英尺牍》	郭罗贵	1894	商务印书馆
8	《通商须知》	郭罗贵	1899	香港文裕堂书局
9	《华英商贾尺牍》	上海美生书馆	1904	
10	《华英类语》	卓岐山	1904（重刊）	粤音注音
11	《华英贸易字汇》	卓岐山	1904	国外版
12	《唐字调音英语》	莫文畅	1904	粤音注音香港版
14	《华英通语问答》	卓岐山	1906	粤音注音国外版
15	《华英文件新编》	Ho Ke Cheang	1906	广智书局
16	《英文尺牍》	商务印书馆编译所	1907	
17	《英文尺牍资料》	广智书局	1908	
18	《新增英华尺牍》	商务印书馆编译所	1908	
19	《自学英语不求人》	不详	不详	粤音注音香港版
20	《工商英语全书》	民昌	不详	粤音注音香港版

天道酬勤。《英语集全》的出版，使唐廷枢一跃成为爱国商人和文化学者两栖新星，开启了唐廷枢经世人生的新征程！

【第四章】

怡和买办傲风寒

诚实无价，信用比金。

缘于1861年以来与怡和洋行的诚信贸易，1863年秋间，唐廷枢被上海怡和洋行聘为买办，直至1873年退出，开始为期十年的买办生涯。

怡和洋行（Jardine，Matheson & Co.），又称"渣颠洋行"或"渣甸洋行"，由苏格兰人渣甸（William Jardine，马礼逊教育协会会员）和孖地臣（James Matheson，马礼逊教育协会会员）于1832年在广州创办，主要从事鸦片走私和茶叶贸易。1839年钦差林则徐到广东禁烟、销烟，渣甸亲自跑回伦敦鼓动英国与清政府开战，侵占香港岛。1842年，总部迁至香港，1843年，中文名取定"怡和洋行"，并在上海设立分行，其后陆续在其他通商口岸开设分支机构，业务渐次多元化，开始收购桐油、棉花、生丝等中国土产，销售棉布、丝绸、呢绒、毛线等加工品，又开辟仓库、码头、货栈，并向钱庄、保险、银行、航运、矿业、铁路、军火等行业延伸，1872年洗手鸦片贸易。1876年在上海修筑了中国第一条铁路——淞沪铁路。

第一节

洋场新鲜人

唐廷枢加入怡和洋行，受益于邑人的引荐，适值通商口岸贸易趋向自由化，遇上海对外贸易蓬勃发展期，得天时地利人和与焉。

香山买办林钦，于1862年入职怡和洋行买办。他十分赏识唐廷枢的人格修为和商业眼光，以及八面玲珑的人脉资源。1863年9月，林钦因自营的丝茶行业务繁忙，无暇专注于怡和事务，举荐唐廷枢接任买办一职。怡和洋行器重唐廷枢的商贸才华，接受了林钦的举荐。同年底，唐廷枢接替林钦，负责保管怡和洋行的金库。

"买办"，作为一个新名词、新职业，乃葡萄牙语Comprador（康白度）的意译，原指受雇于欧洲家庭负责小额采购并管理账目的东南亚或印度本地人。中文译为"买办"，指采买人员，前提是精通外语，可与外商直接对话。清初有规章，来华的外国人须集中入住指定的区域，不能随便出行，需雇买办为其采购生活用品。清代广州十三行的买办，即是代洋商采买日常食用品、管理钱库。登账进钱库的金额，如果短少，或者掺假，买办必须赔偿。随着外商在华设立商行、公司、银行等行业，买办的职能多元化，在商贸中成为雇佣的中国经理。从角色意义上说，买办就是特殊的经纪人，是为中国经纪人和经纪业发展史上的一个特殊阶层。

这一特殊角色的身份体现，既新潮又模糊。

新潮体现为身世稀奇。买办作为外商的合作者和经济伙伴，成为抢手货。他们对化解中外语言障碍、处理复杂的货币换算和润滑本土贸易社团关系起到了不可或缺的津梁作用，因为工种时髦、薪水诱人而引领潮流。缘于对外贸易的经验和鉴定茶叶的能力，广东买办跟随外商北上，成为上海的第一批买办。一家洋行，一般聘用一名总买办，下设买办多寡，则因洋行规模而定。买办阶层的产生，开启了一个相互交往遵守信誉的时代。一般来说，买办是洋行资金交易的负责人，对管辖下的中方人员的正直诚实作担保，要保证当地的贸易伙伴、中间商或者钱庄的支付能力；管理公司的流动资金，审核入库货币和金条的价值，计算统计单位银两和流通货币单位（金、西班牙元或墨西哥元）之间的兑换值。概言之，买办又是担保人，这就是洋行在正派商人中招聘买办的原因。美国旗昌洋行（Russell & Co.）欧德（Augustine Heard）回忆说："那些生意都是以适宜于正派人之间的那种诚实来处理的。说出来的话就是承诺，我们能够以此为荣。"

模糊表现为身份的多元。缘于买办与洋行的合作关系，洋行行东为了保证本行业务做得稳当顺利，有意鼓励买办本人从事与本行相关的商业投资，这样既可以保证洋行出入的货物保时、保质、保量，渠道通畅，又可使买办从自营的商号中赚取利润；甚至，洋行行东贷款给买办开商铺，或与之合伙经营商号。这种模式行世，买办的身份便变得模糊起来：既是外国洋行的经纪，又是收取佣金的中介，还是私家生意的经理。此模式的天赋，赐予洋行与买办之间有密切合作的一面，也有利益冲突的一面。合作的基础，这就是买办制度。由于先得风气之缘，第一代广东买办在中国历史上诠释了史无前例的奇迹。19世纪50年代末效力于怡和洋行的雅记（Yakee）、19世纪60年代效力怡和洋行的林钦以及唐廷枢，都不失为时代宠儿。

唐廷枢在怡和洋行任买办，充分展示了思维的灵动和人脉的畅达，促进了怡和商贸活动的不断拓展，除了丝茶、航运、当铺等主项，还投资保险、地产、大米、食盐、矿业等相关业务，他将怡和洋行经营得生机四起，活力充盈，一跃而成为上海最著名的英国洋行之一。

以下的商贸"流水账"，可以窥视唐廷枢的身影和功业：

1864年，怡和洋行购入两艘轮船，为载量1215吨的"罗纳"号和1932吨的"格兰吉尔"号，专走长江航线。此时，长江航线上已有美国琼记（Augustine Heard & Co.）、英国宝顺（Dent & Co.）和美国旗昌等洋行在角逐，把中国的沙船、木船逐渐排挤出局。轮船航运业利润可观，竞争却非常激烈。唐氏先是隔岸观火，静观其变，坚持怡和轮船运输本行的货物，未参与长江航运业的竞争。他冷眼外国洋行在中国商战的无形硝烟，捉摸着长江航运的刀光剑影，思考着轮船商机的奥秘与未来。

1865年12月间，琼记洋行邀请怡和洋行、宝顺洋行，将各自洋行的轮船业务合并，与旗昌洋行竞争，但是怡和拒绝了，回复说"怡和宁可独自经营，不愿联合"。[①]因为怡和与宝顺自成立以来，就一直是竞争对手，关系不洽。唐廷枢见证了三家外国洋行在中国的争持与进退，从中体悟了商海的剑拔弩张与制胜技巧，积累了不少商战的"前车之鉴"。

---

① ［美］刘广京著，邱锡镁、曹铁珊译，陈曾年校订：《英美航运势力在华的竞争（1862—1874）》，上海社会科学院出版社，1988年，第61页。

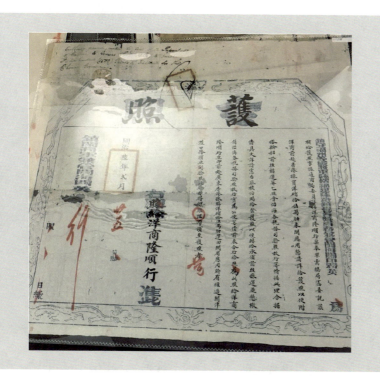

1867年（同治六年）"镇守福建福州等处将军统辖福建陆路镇协各营事务兼管闽海关印务"英桂发给洋商隆顺行的护照（广州十三行研究中心冷东教授提供，原件藏于英国剑桥大学图书馆）

　　1866年，英国爆发了经济危机，引发第一次全球金融风潮，影响波及上海怡和洋行。考虑到长江航线获利低微，为了躲避风险，寻找商机，怡和遂将"罗纳"号和"格兰吉尔"号退出长江航运，开辟上海至香港新航线。唐廷枢对新航线的经营不减往日的热情，只是怡和撤出长江，对唐氏的私人生意不免大受影响，因为此前其自营货物的运输都交由怡和轮船代理。他处变不惊，适时将私号的货运转到两年前（1864年）曾入股美国琼记洋行的"苏晏拿打"（Suwonada）号轮船，以至公私生意两不误。

　　同年，有消息传出：怡和洋行的前买办杨坊有意出卖"泰记"当铺。唐廷枢闻讯，预感商机难得，不能让它在眼前溜走——他在香港供职期间，曾投资当铺，了解当铺业在外贸兴盛期的可观收益。随即建议怡和洋行买下这家当铺，并胸有成竹地估算："泰记"每年会有30万两白银的营业额，由于典当物品进出频繁，有20万两总资本投入就足以应付；除去营业开支和保险费用，每月按利息3%计算，每年的净收入将不少于8万两，利润高达40%。怡和总行通过审慎的分析，认为唐廷枢"作出的结论是完全可以信赖的"，便于1866年5月17日买下"泰记"，更名为"庚裕"（"Ken Yue"之音译）。入股数额为：怡和投资10万两，林钦5万两，唐廷枢向怡和借款5万两摊股，利息为10%或12%。经唐廷枢细心经营，当铺业绩一路向好，一年下来竟然获致36%的高额利润。经典，往往产生于不经意之间。唐廷枢不仅为怡和赚了大头，本人也顺风顺水获致可喜的分红。

随后，怡和洋行决定增加投入，利用现金盈余投资中国钱庄，经营庄票贴现生意。庄票是由钱庄开出的凭券，到期兑款于持票人之票据。商业中钱业信用很高，庄票于钱庄破产清理时，享有优先偿还权利。庄票为商业票据之一，可以代实币，补金银之不足。通流市场，赍送简便，堪称交易利器。正所谓一家便宜，两家"着数"。它不是虚价滥纸，而是信用凭证。庄票贴现，就是将没有到期的庄票向人抵押更换现金。因为庄票在7天内即能兑现，利息可达12%~15%，利润可观。而且只要"对任何一家钱庄庄票的贴现都不超过一万两或一万五千两"，投资则相当安全。经办此项业务，当然首推机灵可靠且正在掌管怡和现金结余的唐廷枢。

1867年，宝顺洋行香港总行受本国经济危机和金融风潮的打击而倒闭，将船队及上海货仓押给怡和洋行。这对于怡和洋行来说，绝对是一个与旗昌洋行在航运业竞争的绝好机会，但是怡和洋行却转手将宝顺洋行抵押的产业卖给旗昌洋行，条件是停止价格战，瓜分中国航运市场。这年1月，怡和、宝顺与旗昌三家洋行签订协议，十年内，旗昌洋行除了上海至宁波航线外，不能踏足上海以南的沿海航线，怡和洋行不能重返长江航线，不经营代理业务。随后，琼记洋行也与旗昌洋行约定，十年内不再返回长江。[①]旗昌洋行成为这场竞争中的获胜者，从此开始称霸长江航运业，在线者仅剩轧拉佛洋行（Glover & Co.）和同孚洋行（Olyphant & Co.）。这一年，太平天国战

---

① 《英美航运势力在华的竞争（1862—1874）》，第63—65页。

事彻底沉寂，长江沿岸的经济迅速复苏，生丝和茶业产量逐年增加，旗昌洋行因而获益最大。

同是1867年，即唐氏担任买办四年以后，仍未获致怡和洋行的完全信赖，但是为了笼络这位商业交易奇才，尽力赢得华商的生意，经怡和洋行上海行东约翰逊（Francis Bulkeley Johnson）向香港行东惠代尔（James Whittall）提议，怡和突然给唐廷枢赠送一份惊喜！据说，为对唐氏"为了开展中国的生意出了大力"的鼓励，洋行决定把所属谏当保安行（Canton Insurance Office）的股份分赠"一股"给他（这"一股"应是颇具分量的，此时另配上海分行仅10股股份，欧弗韦格洋行（Overweg & Co.）和威尔金逊洋行（A.Wilkinson & Co.）各申请一股）。可是，这似乎是一个忽悠的"大馅饼"——谏当保安行乃外商在中国开设的第一家保险机构——当唐廷枢成为谏当保安行股东不久，生意便陷入困境！唐廷枢似乎为攻关而生，"尽他最大的努力，来拉拢中国的生意"之后，谏当果然起死回生！唐氏的生意经令怡和眼界大开，并找到了发展模式：谏当"只有在小的航运公司和中国的商号当中采取比较广泛的股份分配，才是唯一有效的解决办法。……若不加紧笼络我们这里的雇主们，恐怕我们在这里就站不住脚"。因此，他们把唐廷枢为谏当赚来的利润，"分一部分给他以及其他有影响的华商"。随后，唐廷枢提出谏当保安行匀出部分股票，配给厦门的中国商号，以便于开拓当地的业务。唐氏扶助华商策略的施行，增强了吸引力，拓展了营业，促进了保险业的健康成长。

1868年，唐廷枢协助怡和洋行承揽当地钱庄签发的庄票，对钱庄办理短期贷款，仅此一项，便为洋行赚取了丰厚的利润。[①]虽然唐廷枢是怡和洋行的总买办，却从来没有介入该行的鸦片生意。7月1日，约翰逊致函机昔（William Keswick），告知怡和洋行不让唐廷枢经手鸦片交易生意。以

---

① 《约翰逊（上海）致机昔（香港）函》（1869年2月1日），载［美］郝延平，李荣昌等译：《十九世纪的中国买办——东西间桥梁》，上海社会科学院出版社，1988年，第262页。

怡和洋行大楼（1880年）

是，奸猾的怡和洋行行东激励唐廷枢尽情发挥对经营保险业的浓厚兴趣，在筹备怡和属下的香港火烛保险公司之时，专门留出一部分股份供华人认购。此时，唐廷枢已瞅准了行东的"死穴"，没有完全听之任之，而是据理力争，提出"希望推销全部股份五十份中的三十份"，从而利用自己的人望为华人入股保险业争得更多的利权。

1869年1月，唐廷枢向怡和行东建议投资食盐贩运。他上交报告，以投资和获利的数据，直截了当披露：一位盐商在汉口销盐4000包，扣除成本和纳税，获利2600两，相当于投资的47%。上一年还有一位买办操盘盐业，获利高达60%。怡和行东深知唐廷枢的精明来自于对调查数据的判断，其获取的数据又是准确无误的。机不可失，怡和即安排唐氏落实投资。唐氏从洋行贷款两万两白银，将淮盐从扬州运到汉口销售，赢利不言而喻，营销直至1872年。

商业市场，千变万化。商机捕捉，犹如战役。约翰逊眼见着丝茶业利润太少，而竞争者又多，赚钱艰难，而中国沿海和沿江的航运业正在起步，发展向好，由是决定大力投资航运业。此时，唐廷枢已经在长江沿岸的通商口岸开设了货栈，招纳中国和俄国商人，采购货物，经天津转运蒙古或俄国，为怡和洋行重返长江航运业，以及开辟上海到天津的沿海航运业打下了基础。

1869年1月，怡和洋行上海行东约翰逊买下"久绥"（Kiusiu的音译）号轮，投入上海至天津航线，又在英国订购两艘新船，准备继续投资航运业。

1870年2月，怡和对航运业的投入越见发力，专门成立了船舶代理部，由唐廷枢主持。为了便利部务，节省开支，唐氏将船舶代理部设在自己的办房内。怡和行东对此赞赏有加，称该行在天津的代理业务"管理效率之提高，在很大的程度上得力于唐廷枢的事务所"。同月，约翰逊说服相识华商李振玉买下"天龙"号并委托给怡和代理经营。4月，约翰逊在英国订购的"亚平"（Appin）号抵达上海。7月，惇裕洋行（Trautmann & Co.）因资金链中断难以为继，北清轮船公司（North China Steamer Co.）董事会决定改由怡和洋行代理其轮船业务，怡和由此获得6艘轮船的经营权，其中5艘走北洋航线由上海至天津，一艘走上海至福州，但仅有"九绥"号和"亚平"号属怡和所有，"燕子飞"（Yuentsefei）号和"南浔"号属北清，"天龙"号属李振玉，"罗纳"（Norna）号属唐廷枢。

1872年3月，北清轮船公司濒临破产，怡和洋行顺利接收了该公司的两艘船只，并继续走北洋航线，又调派"九绥"号到北洋航线。9月至10月间，怡和洋行组织筹建东海轮船公司，唐廷枢参与其中，并被选为董事。

怡和香港行东惠代尔致函上海行东约翰逊，对唐廷枢的赞赏溢于言表：自从怡和洋行在轮船业务加大投资以来，唐的建议和贡献特别可贵。这一年的年底，约翰逊以开创资本32.5万两，组成一家新的股份公司——东海轮船公司（China Coast Steam Navigation Co.），也译作华海轮船公司。[①]12月

---

① 《申报》1872年10月31日。

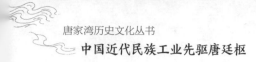

12日分派第一期股本1650股，华商占935股，其中"南浔"号（船东为唐廷枢等人）算作400股，唐廷枢招徕华股300股，怡和福州买办阿伟（Awai，唐翘卿）招得235股。在分配的4600股中，怡和洋行占64.2%，其他外商占15.5%，华商占20.3%。公司有5艘轮船，载量计3443吨，主要经营上海至天津、上海至福州的沿海航线。唐廷枢也理所当然地成为该公司的董事，[①]也是东海轮船公司的最大股东之一。唐廷枢出任董事期间，参与董事会的决策和审核公司财务报告。向股东大会提交的财务报告，一般不是董事编写，而是委托专人负责，但只有经过董事的审核确认后方具效力。在所见到的财务报告书中，有华董签名的6份，1份是东海轮船公司1874年第三次股东年会上提交的损益报告书，落款者共4名董事，唐廷枢名列其中。1873年6月，唐廷枢离开了怡和洋行，但仍与怡和保持着密切联系，并兼任东海轮船公司的董事，至1877年辞职。

对怡和来说，从业十年的"唐廷枢简直成了它能获得华商支持的保证"。唐廷枢参与钱庄、保险和航运业，展示了自己的商业才华，扩大了怡和的经营领域，给怡和洋行带来了丰厚的利润。美国旗昌洋行行东说，唐廷枢"在取得情报和兜揽中国人的生意方面……都能把我们打得一败涂地"。十年买办生涯，对于唐廷枢而言，不仅积累了财富，更重要的是积淀了丰富的经验和人脉，获得了上海中外商人的认可，社会地位日见提高。十年合作，彼此两方，堪称双赢。

应该指出，唐廷枢最大的赢，在于悟道：在洋行再怎么努力，都是不被信任的，难以扬眉吐气。只有开办中国人的企业，才有话语权，方可主导商战，以展示中国的气派与风貌！

---

① *North China Herlad*，1874年10月22日，《汇报》，1875年3月16日。

商海玲珑身

商机勃兴的年代，白花花的银两，无时不在刺激着生意人兴奋的神经，且无孔不入。

买办期间的唐廷枢，经商资源得天独厚，促使他不失时机将资金注入自营的生意之中，涉足之处，有盐业、米业、糖业、采矿业、钱庄业、丝茶业、轮船运输业等领域。

唐廷枢的私人投资，或合伙，多是从小本、合营做起，逐渐做大。为了方便叙述，本节将其投资相对归类，经营的时间与事件未免与上文有所交叉。

约在1863年前后，唐廷枢与史密斯（Smith）和达尔贝克（Dahlback）合伙，从英国购回榨糖机器，在香港创办华熙炼糖厂（Wahee, Smith & Co.）。因身寄上海，遥控参与经营两年有余。1865年秋，他将糖厂的股份转让给回香港的长兄廷桂打理。炼糖厂几经转手，及至被怡和洋行买下，成了香港著名的糖厂——中华火车糖局。1869年，唐廷枢与伙计买下镇江附近一座石墨矿的部分地皮，进而说项怡和洋行入股，准备投资采矿业，因清政府未批准，不了了之。1871年，唐廷枢看准这一年运销大米有利可图，遂说服怡和注资合营，从镇江收购大米一万担，运至香港出售，小赚了一笔。

捕捉商机，在于眼观六路，耳听八方，从而做出预见。唐廷枢目睹太平天国平息，受阻十余年的淮盐长江运销渠道必得畅通，盐引一票难求，暴利可观。1887年版（光绪十三年）《金壶浪墨》有载，此前，淮盐出场价每斤十文左右，加上课银不过17文，转运至汉口就获五六十文，再经当地盐行批发给湖广各路水贩，又层层加码，竟有"盐行生意是神仙"的说法。唐廷枢预算，由淮盐产地扬州运盐一引4000包，至汉口销售，成本是5500两，所得净利可达2600两，相当于投资额的47%。暴利之高，诱人垂涎，竟有人不惜花3000两买一张盐引。1864年8月两淮运司郭嵩焘（筠仙）的一份公文提及，唐廷枢合伙的"同顺源"号销售淮盐，仅1864年就买了100引，获得40万包淮盐的销售权。1868年，唐廷枢的一位伙伴运销淮盐获利达60%。但是唐廷枢苦于资金有限，只能小打小闹。于是，建议怡和洋行出四万两，投资淮盐生意。1869年1月，怡和洋行采纳了唐氏建议，将庚裕当铺的两万两到期存款，投给唐廷枢、阿李（Aleet）和林钦经营淮盐的运销。随后半年，唐廷枢都在为运销淮盐奔波，在福州推销淮盐期间，发现往来上海的船只短缺，遂建议怡和至少派一艘轮船投入经营。怡和洋行即派"天龙"号专走上

中华火车糖局（China Sugar Refinery），即远处烟囱冒黑烟者

海至福州，赢利显见。

7月，约翰逊鼓励唐廷枢合伙购买北清轮船公司"南浔"号，委托怡和代理，基本条件是怡和"用不着垫款"，即可从营业总收入中提取5%的佣金。唐廷枢于是集股三万两买下"南浔"，交给怡和洋行代理，专走北洋航线。

作为中国商人，无不苦于钱庄业不发达的阻障。唐廷枢对投资钱庄情有独钟，他曾建议怡和投资钱庄而大获成功，私下也投资开办钱庄，还动用过怡和金库的钱。1871年5月，唐廷枢用怡和的现金结余，又将由他收存的八万两未到期的庄票拿去贴现，偕同阿李、林钦等同乡投资开办了泰和、泰兴、精益3家钱庄。他们大量放款到内地收购茶叶，通过上述三家钱庄的代理人，以及合作伙伴谦慎安茶栈，仅一个茶季，就在内地开设了7家茶栈，每家茶栈至少为怡和洋行收购了1200箱茶叶。唐廷枢通过钱庄投资茶栈，扩大茶栈的生意，回笼的资金又再投入钱庄，如此良性循环，相得益彰，获利丰厚。

1872年，上海怡和洋行行东约翰逊发现唐廷枢暗中拿怡和洋行现款和未到期的庄票去投资。尽管发现如此明显的金融舞弊，约翰逊在他的私人信件中，谈到唐廷枢的买办工作，总是替他说好话。约翰逊将此情函告香港怡和洋行行东机昔。机昔是怡和洋行创始人渣甸外甥女的儿子。他并没有责怪唐廷枢，而是作出戒备。约翰逊随后改变了怡和洋行以前由买办保管洋行库存现款和庄票的习惯，只留下少量活动资金给唐廷枢保管，用于零星支出。又通过开办怡和钱庄，把洋行的库存现金大部分转入该钱庄，并由钱庄向洋行支付利息；旋在丽如银行（Oriental Bank）开设户头，由丽如银行代收怡和洋行的所有运费和保险费等款项。在此之前，有如其他洋行一样，金库大多由买办负责保管，由此带来的好处，也归买办所有。尽管改变了现金管理制度，唐廷枢失却了"油头"，依然为怡和洋行卖力有加，从而赢得经理的佩服与信任。

唐廷枢的私人投资，适时见机行事，逐渐转向以轮船航运业为主。他洞见航运业利润丰厚，便合资购买轮船，入股轮船公司，乃至参与轮船公司创办，随着对航运业越来越熟悉，投资也越来越大。1867年，唐廷枢与宝顺洋行的买办徐润、郑观应，联手英国轧拉佛洋行，合资17万两白银，创办了公正轮船公司（The Union Steam Navigation Co.），挂靠轧拉佛洋行，专走长江航线。公正轮船公司仅有载量773吨的"惇信号"和1215吨的"罗纳"号两艘船，乃唐廷枢于1867年7月与怡和行东约翰逊商议，花85000两白银购下。因为怡和与旗昌有约定，不能行驶长江航线，故而借公正轮船公司与旗昌竞争。旗昌洋行认为公正轮船公司只有两艘船，不会威胁其长江航线的地位，没有出手打压，还与公正轮船公司签署了齐价合约，统一运费标准，但不能增加船只，公正轮船公司得以在长江生存。次年8月，新茶上市，长江航运需求激增，公正轮船公司打算添置第三艘船。怡和正好准备出售"格兰吉尔"（Glengyle）号，他们的如意算盘是：通过贷款方式，将"格兰吉尔"号卖给公正，借公正之力，搅乱长江航线。约翰逊致函机昔坦露心迹："我认为，他们（公正轮船公司）有了我们的资助，明春以前，力量将会大大增强，到时可望打一场胜仗。如果能以好的价钱将'格兰吉尔'号卖给公正洋行，同时在长江上建立一支真正的对抗力量，那我们便如愿以偿了。"[1]旗昌洋行得知公正轮船的扩张计划后，即终止了双方齐价协订，降低运费，出手打击公正轮船公司。唐廷枢等人被迫中止计划，迟至1869年3月才买下"格兰吉尔"号，但将"罗纳"号调到华南航线，以继续维持长江仅有两艘轮船的格局。

1868年8月，唐廷枢联手华商与英国的惇裕洋行合资19.4万两白银，分别以7.5万两和6万两白银从惇裕洋行买来"燕子飞"号（422吨）和"南浔"号（621吨）两艘轮船，创办了北清轮船公司，专走上海至天津的北洋航线，挂靠惇裕洋行代理经营。[2]公司股票的三分之一系惇裕洋行持有，抵

---

① 《英美航运势力在华的竞争（1862—1874）》，第83页。

② 《英美航运势力在华的竞争（1862—1874）》，第77页。

押给伦敦商行；三分之一为唐廷枢等华商持有。唐廷枢被选为中国董事。惇裕洋行与旗昌洋行签订了齐价协订，仅两个月，就将另外一家惇华洋行（Borntraeger & Co.）的两艘轮船"麦加"号"天龙"号排挤出北洋航线。李振玉买下"天龙"号，于1870年抵押给怡和洋行经营。

1871年，唐廷枢投资了马立司洋行的"汉阳"号轮船，专走上海至汉口航线，"所取水脚虽廉"，而"所获之利仍不薄"。半年后，马立司洋行扩大营业额，又添购了"沙富白里"（Shaftebury）号轮。

1872年4月，唐廷枢联络唐顺发、常顺利等人，与旗昌洋行股东席契、航海工程师史柏丁（D. R. Spedding）集资，先后购买了"永宁"号、"洞庭"号、"满洲"号轮船，以期与旗昌洋行争夺长江航线。史柏丁将洞庭轮注册为美国船只，并担任船长，唐廷枢负责经营。6月，唐廷枢赴汉口为"洞庭"号筹划货运业务，约翰逊还专函致怡和洋行汉口行东安德森（R. Anderson）说明情况："洞庭"号已接受怡和洋行天津航线的货物联运，有北运货物可托其转运。

唐廷枢还投资了美国琼记洋行的"苏晏拿打"号轮船，以及两家小洋行——马立司洋行（Morris Lewis & Co.）和美记洋行（Muller H. & Co.）的船队。

唐廷枢热衷于投资航运业，也有丰厚利润刺激了浓厚兴趣之故，同时也激励着他以更大的热情关注新兴轮船航运的动态、走势，熟悉轮船经营管理的业务，为谋划更大的发展积累资源。作为公正和北清两家轮船公司的中国董事，他有权代表中国商人发声，他朴实而铿锵的话语似乎至今并未过时："只要我能腾出几分钟时间，我都会为乡亲们努力工作，但凡和洋行有关的事情，他们都让我来做代表。为了照顾他们的利益，我已经被他们推举为公正和北清两轮船公司的董事"。善哉，唐廷枢的肺腑之言跃然纸上，而精神品格亦映现其中。

第三节

结缘洋务群

　　1861年，唐廷枢辞去了江海关的职务。或许是通过李泰国的关系，唐廷桂化名"唐国华"，担任江海关通事兼翻译公文，总理进出税单，每月薪酬一百七十五两白银。

　　此时，中国商人参与对外贸易，多是雇佣外国轮船运输，由于大多数人不会英文，进出口货物签订合同、运费凭证、保险单据等业务，都要请熟悉英文的海关翻译帮忙。事成，商人会自愿送一些银两酬谢，并逐渐演成习惯。比如，白糖、百货每件收洋银两分，其他每件收银一分。一年累计下来，一位翻译的兼职酬谢，可高达六千两。此外，海关检查员，人称"扦手"，利用检查进口货物的权利，也向商人索小费，每船洋银四元，打印费两元，俗称"包件费"。累计下来，扦手一年的额外收入也不菲。货物到关，为了迅速查验，避免耽误时机，商人也希望尽快翻译报关交税，海关人员利用商人的急切心理，索取"加急"费，每件货收费一分或四五厘不等，渐渐演成惯例。如果商人不照做，就会被借口拖延。因为收费零碎，商人一般选取端午、中秋和春节，将"酬劳"累计，统一交送。每家洋行所获数额不同，一个翻译约从八十两到五百两不等，一个节庆大概能收到纹银二千两；一个扦手可猎洋钱十六到二百数十元不等。

　　1863年11月，因为"阿思本舰队事件"，李泰国被迫辞职，比他小两岁的副总税务司赫德（Robert Hart）接任。赫德新官上任三把火，决心打造一个廉洁高效的海关。他早已了解到翻译和扦手的陋习，一直想要找机会整治捞油水之歪风邪气，为自己树立威望。1864年1月，赫德将英国人江汉关税务司狄妥玛（Thomas Dick）调为江海关税务司，着手肃整江海关，寻机"杀鸡儆猴"。

1864年6月，李鸿章奏调丁日昌（雨生）来沪，任苏淞太道兼江海关道，作为上海最高行政长官，主持军火采购并筹建炮局。丁日昌思想开明，建议设厂造船，获李鸿章认可。丁日昌通过寻访，获悉虹口美国商人科尔（T. J. Falls）的旗记铁厂（Thos. Hunt & Co.）修造轮船，并帮清军订造军火，但经营不善，负债累累，准备出售以还债。李

赫德（Robert Hart，1835—1911年）摄于1866年

鸿章认为机会难得，让丁日昌与之洽谈买下。科尔开价十多万两白银，经多次磋商，科尔答应降价。该厂机器设备加厂房，价值四万两，库存材料价值二万两，至少六万两白银。数目虽然不多，但是丁日昌一时难以筹足。

值此纠结之时，唐廷桂等人收受陋规的事被官员指控。

1864年9月，唐廷桂和扦手张灿、秦吉等江海关同事，因中秋节循例收受了商人们的赠银。唐廷桂受"规银一千九百八十三两"，张灿收"洋钱六百九十元"，秦吉获"洋钱六百八十元"。[1]江海关税务司狄妥玛面见丁日昌，要求严惩三人，以革除江海关弊端，又借机打压华人雇员。[2]丁日昌向来以清廉著称，办事雷厉风行，接任后经已下令将江海关各种陋规取消，将原有"额外酬劳"转为海关收入，作为合法征税，下不为例。唐廷桂等人正好撞在丁日昌禁令的枪口上。丁日昌即令将三人关押，并将案情上报

① 李鸿章：《唐国华赎罪片（同治四年八月初一日）》，载《李鸿章全集》（第2册），安徽教育出版社，2008年，第202—203页。
② 赵春晨编：《丁日昌集》（上册），上海古籍出版社，2010年，第262—263页。

李鸿章。①

1864年11月4日，海关总税务司赫德亲自到上海处理此事。赫德与唐廷枢、唐廷桂关系原本不错，曾有意培养唐廷桂为江海关首位华人税务司。此案发于赫德、狄妥玛和丁日昌三人上任之初，又值整顿海关的敏感时刻，这让赫德非常为难。赫德心里非常清楚——中国官场到处都存在贪污和勒索，唐廷桂并非个案，而且帮助商人翻译货单，接受馈赠，亦权算兼职收入。但是，为了整顿海关，搞好与李鸿章、丁日昌等人的关系，必须把唐廷桂送交县衙惩处，而不希望唐廷桂被过分处罚。当他得知唐廷桂在狱中遭受监狱常有的折磨后，觉得这一切都是唐廷桂自作自受，但又担心唐廷桂再受酷刑势必彻底垮掉，家中的钱财也会被狱卒榨取干净。于是，赫德又去找丁日昌，请其文明法理，让狱卒不再骚扰唐廷桂，且在法律允许的范围内作宽大处理。②

11月23日，李鸿章将此案上奏。11月30日，慈禧太后发布谕旨："唐国华着即行斥革，严讯究办"。

兄弟情同手足。案发伊始，已经是怡和洋行总买办的唐廷枢，费尽心思设法营救长兄。忆及半年前（2月），唐家三兄弟与亲朋齐聚上海，为父亲祝寿，在上海四美园大宴宾客，请戏班演戏，轰动上海城。廷桂入狱后，父亲于9月17日在家乡唐家村去世。家中连遭变故，情何以堪！为了营救长兄，他亲自拜访赫德和江海关董事郭德炎，恳乞帮忙找李鸿章和丁日昌说情，提出愿意缴纳一笔罚金，从轻处理廷桂。

1865年5月，赫德再次南下上海，先是致函在苏州的李鸿章，为唐廷桂讨情。旋亲自前往苏州会见李鸿章，请其再次上奏，将唐廷桂从轻发落。李鸿章旁敲侧击，要看唐家能否出得起钱。赫德说，唐廷桂在狱中仍然遭受残

---

① 丁日昌：《请办海关唐国华勒索详》，载赵春晨编：《丁日昌集》上册，上海古籍出版社，2010年，第261页。

② ［美］凯瑟琳·F.布鲁纳、费正清、陈绛等：《赫德日记（1863—1866）——赫德与中国早期现代化》，中国海关出版社，2005年，第295—297页。

酷对待。李氏答：这期间不会再受虐待
了。赫德又说，狱卒已经从唐廷桂身
上榨取了几乎全部钱财。李鸿章笑了
起来。①

　　赫德在上海和苏州期间，李鸿章和
丁日昌有意无意间透出口风——此时正
在为筹资购买旗记铁厂犯愁。赫德心领
神会，将"奥窍"转告了唐廷枢。

　　唐廷枢急急去找张灿和秦吉的家
人商量，斟酌过后，唐家出资二万五千
两，张秦两家各出资七千五百两，总计

唐廷桂（1828—1897年）

四万。再找旗记铁厂行东科尔，请其尽量减价，以便把铁厂买下，捐献给朝
廷，以作赎罪。

　　5月26日，丁日昌拟成《报效机器铁厂》公文呈报李鸿章，曰：唐国
华、张灿、秦吉等愿意集资四万两白银，买下旗记铁厂赎罪。②6月3日，李
鸿章同意"赎罪"方案，责令丁日昌落实。

　　9月20日，李鸿章上奏《置办外国铁厂机器折》和《唐国华赎罪片》，
称："兹有海关通事唐国华，历游外国多年，熟悉洋匠，本年因案革究，赎
罪情急，与同案已革之扦手张灿、秦吉等，愿共集资四万两，购成铁厂，
以赎前愆。""唐国华出银二万五千两，同案另两犯张灿、秦吉各出银
七千五百两，共银四万两，合办洋铁厂一座赎罪"，"当查唐国华一案，既
情有可原，报效军需赎罪，亦有成案可援"。经总理衙门奏请慈禧太后恩
准，唐、张、秦三人获释，该案了结。

　　唐廷枢等人将铁厂交给丁日昌，丁氏遂将科尔等13名外国技师和1300多

①　《赫德日记（1863—1866）——赫德与中国早期现代化》，第338页。
②　丁日昌：《附详报效机器铁厂（同治四年五月）》，载赵春晨编：《丁日昌集》（上册），
　　上海古籍出版社，2010年，第261页。

名华工全部留用，加上曾国藩派容闳于1863年至1865年赴美国购回的100多台机器，以及他和总兵韩殿甲（赓飏）在上海开设的两个洋炮局合并，组建了江南制造总局。历史就是这样充满诡异：唐廷桂等人的一桩陋规案及一场牢狱灾，被勒逼巨款购厂捐给朝廷，却催生出江南制造局的雏形，无心插柳般为中国民族工业的近代化作出了奠基式贡献。奇哉！

　　唐廷桂陷入此案，表面上乃系因袭陋规所致，但其背景十分复杂，涉及洋务派官员、海关税务司、粤籍洋行买办等多方角力。对筹资救兄的唐廷枢来说，有似"塞翁失马"，虽然赔出血本，却有一个料想不及的收获——从此，"唐廷枢"三个字跳入朝廷当红重臣李鸿章的法眼！

【 第 五 章 】

轮船招商挽狂澜

天降大任于斯人。1873年5月，李鸿章找上门来了。

原来，直隶总督、北洋通商大臣李鸿章主持创办的轮船招商局，成立未及半载，因缺资金，少轮船，起步维艰，了无生机。李鸿章几经选帅，看中唐廷枢的能力、财力和号召力，请他临危受命，出任轮船招商局总办。

唐廷枢欣然受任"救火队长"——这是人生命运的转折点：从一位洋行买办商人，转身为一名民族实业家。此前是洋行的打工仔，往后是中国大公司的当家人。

换帅、转型，意味着双赢。李鸿章选择唐廷枢，无形中凝聚了一大批在上海叱咤风云的广东买办商人，招商局将获致充足的资金作驱动发展；唐廷枢得总督大人的青睐，从洋行雇工一跃而成华商公司领袖，一夜实现了报国的初衷，可谓春风得意马蹄疾。为报答李鸿章知遇之恩，他激情满怀，以办好轮船招商局为己任，为民族工商业的发展倾尽所能。

第一节

衔命扶危局

"朝野纷纷讲富强，亦知国本在经商。"轮船招商局是1873年1月17日在上海洋泾浜南永安街宣告成立的。这是中国第一家大型航运企业，作为与外国商战而生的产物，一经问世，便注定面对外商的夹击。

外商夹击，就是外国轮船公司的围攻。自1842年不平等条约签订以降，来华的外轮公司或洋行商船，先后抢占了珠江航线、粤港澳航线、沪港航线、沪闽航线、长江航线、北洋航线等中国沿海和主要水系的航运，从而垄断了中国的航运业。如旗昌洋行称霸长江航运，怡和洋行掌控北洋航线。他们通过齐价合约和价格战，挤走了大部分本土弱小企业，乃至其他洋行的轮船。

西式蒸汽轮船驾驶灵便，动力充足，运输快捷，客货两宜，运载量大，极大地冲击了中国传统的木帆船，逼迫其日渐凋敝。某些有资本实力、善于盘算的中国商人，盯着新式航运业丰厚利润，悄然入股外国轮船公司，甚至购买轮船交由洋行代理经营，借以避开某些捐税，从而获利不少。清政府缘于不平等条约的束缚，难以管控外轮公司在中国的侵掠，眼睁睁地看着经济利益被夺走，中国在这一新兴航业的主权和利权岌岌可危。

起步艰难，则表现在清政府没有相应的资金、人才和经验，缺乏孕育轮船公司的硬件。总理衙门从1864年起向各通商口岸关道询问轮船对策，直到1873年李鸿章促成轮船招商局成立，折腾近十年，其间的曲折与难产，便可窥视一斑。

以上海富商、沙船世家朱其昂（云甫）、朱其诏（翼甫）兄弟挂帅的轮船招商公局，属"官督商办"性质。草创时期就暴露其先天不足。关键者，乃是朱氏兄弟业务欠缺，他们虽然熟悉沙船经营，但对新式航运毕竟是新手，欠缺经验；再者是人望不足，招股乏有足够的影响力和号召力，不能动员本土沙船主参股新式航运，便无法带动沙船业向新式轮船转型。大多沙船商人难舍祖业情怀，对投资不熟悉的轮航缺乏信心，甚至担心新式轮船抢去漕运业务，从而排斥轮船招商局。在沙船商群中，仅郁熙绳

李鸿章（1823—1901年）

象征性投资了一万两，有人劝说招商入股，遭遇"群起诧异，互相阻挠"，"竟至势同水火"。[①]此外，其他行业商人对朱氏兄弟亦无响应之举，如富商胡雪岩，曾与朱其昂并肩筹办招商局，未久即借口"畏洋商嫉忌，不肯入局"；买办李振玉，也因"众论不洽，又经辞退"，等等。

由于不谙西式船务，跟外商打交道的经验不多，朱其昂在购置轮船和雇佣驾驶人才的运作中，多有差错，造成了不必要的损失。国子监祭酒王先谦（益吾）指责朱其昂所花的钱可以买四条新船，结果买下的全是"年久朽敝"的旧船，载货少，烧煤多，速度慢，质量堪忧。如："伊敦"（Aden）号，载重一万石，从大英轮船公司购入，花银50397两，"船大而旧"，用煤多，载货少，实际值三万两左右，被葡籍经纪人赚走一万多两；"永清"号，载重1.8万石，从惇信洋行（Messers George Barnet & Co.）买来，花银十万两。合同签订后，朱其昂发现价贵，欲毁约，而违约金近两万银，唯有哑巴吃黄连。此船"舱通而小"，载货量少；"利运"号，载重1.7万石，由德国商人代购，花8.3万银两；"福星"号，载重1.7万石，由惇信洋行代购，花7.4万银两，船大，货舱小。又如购置浦东仓栈，有说多花了4.2万银两，朱氏只好自掏腰包缴纳。聘用的外国船长和船员，有说"非赌博宿娼，即酗酒躲懒，行船则掉以轻心"，屡生事故。"伊敦"号从上海往汕头，刚起航就与美国轮船相撞，所幸事故不大，仍可抵埠。此外，局内衙门作风，管理不善，开支过滥等顽习也屡见不鲜。

大鱼吃小鱼，乃商界竞争之常态。早就虎视眈眈的英国太古洋行（Butterfield & Swire Co.），于招商局开航当日，就将运费降低了一半，挑衅嘴脸穷凶极恶。朱其昂毫无还手之力，只能被动对应，开局不及半年，亏损达四万多银两。如何起死回生？逼迫李鸿章必须起用能人力挽狂澜！幕僚孙士达（竹堂）建议招纳财力雄厚的广东商人接手，李鸿章即选派香山籍上海知县叶廷眷（顾之）"入局会办"，未果。选帅陷入山重水复。

---

① 张厚铨主编：《招商局史（近代部分）》，中国社会科学出版社，2007年，第40页。

　　几经周折，柳暗花明。唐廷枢的实力、能力和努力，不禁令李鸿章眼前一亮：实力包括资金来源，能力含经商历练，努力指敬业态度加精神。话说回头，轮船招商局筹备之初，李鸿章曾邀唐廷枢赴天津，协助朱其诏和林士志（月槎）拟定办局计划。李鸿章首选朱其诏掌舵，或因于唐廷枢的西学及洋行背景，令他有所顾忌。而今，现实严酷，半年无起色，再拖下去，或离倒闭近在咫尺矣。李鸿章当机立断——把脉命门，速请幕僚广东人林士志于1873年5月南下上海，拜会唐廷枢和徐润（雨之）等粤籍商人，动以乡情旧谊，说服了两人加入招商局。

　　唐廷枢入局，似乎还有一个远因。从郑观应致张振勋（即张弼士）函中可察端倪：以前曾听唐廷枢说过，他往年从上海回香港，轮船躲避台风，船主限给每位中国乘客一铁壳水，约一磅左右，不到一斤，一天的解渴和洗脸都算在里面了。船上有一百多头羊，船主装上满桶水，任它们喝，待遇比华人还好，歧视之遇，殊为可恨！于是，抵香港后找来亲友，集资十万银元，租两艘船往来上海和香港之间。

　　其实，唐廷枢爽快受命，乃是缘于一颗炽热的中国心，一架不屈的民族脊梁。他说："以本国之船，装本国之货，系本分之事，岂容外人觊觎。凡有血气者，莫不以父母之邦，自办轮船，为虑远谋深之策。"他供职怡和洋行期间，就力促加大投资航运。如今，走马上任，既看好轮船招商局乃一个即将崛起的新兴企业，又可以施展昔年建设航运的抱负。甚者，这既是与洋人争经济利权，更是争民族平等权益，为中国尊严而战，何等扬眉吐气！

第二节
改革动刀斧

1873年6月25日，唐廷枢上任轮船招商公局总办，招商局旧貌从此展开新颜。

舆论抢先鸣锣开道：6月9日，上海英商创办的《申报》载《轮船总办有人》："唐君阅历外务，洞悉西船运载法制，以此任属之，真可谓知人善任者也。想轮船公事，从此日渐起色，其利益岂浅鲜哉"。28日，美国传教士主办的《教会新报》刊发《换官管理招商局》："招商局总管委员今改派唐君廷枢号景星者，择于六月初一日接事。据闻随带资本，并南浔轮船入局营运，而唐君久历怡和洋行，船务亦深熟悉，自后招商局必多获利也"。两篇报道，对唐廷枢履新充满期待。

入局后，唐廷枢向李鸿章推荐徐润，强调徐氏"结实可靠，商情悦服"，胜任会办。他请徐润出山协助，既可发挥徐氏丰富的经商经验、广泛的中外人脉和丰厚的财力支持，提升管理效能；还考虑到地域与派系的瓜葛，因既有的管理层多是江浙商人，只身入局，恐被孤立排挤或致被动，徐氏入局，可加重支持的砝码。朱其昂颇有自知，主动辞去总办，退任会办。局务首脑层变为：唐廷枢、徐润、朱其昂、盛宣怀（杏荪）。劝股、添船、造栈、揽载、开拓航线及新设码头，由唐廷枢主理，徐润副之，唐氏外出，局务由徐润总责。朱其昂和盛宣怀专办漕运和一切官务。盛宣怀经常出差和勘矿，疏于漕运。局务实则落在唐廷枢和徐润身上。徐润加盟，成了唐氏的左膀右臂。

"创业难，救弊尤难，救弊必变法。"新官上任三把火。唐廷枢首先在

"聚力"上发狠力。他雷厉风行，开始大刀阔斧改革轮船招商局内政。

局务办公室原设于朱其昂私人商号"广昌"号，地处新北门外永安街，地理偏僻，交通嫌有不便。唐廷枢重新选定英租界三马路怡盛洋行的一座小楼，便利交通。局名原称"轮船招商公局"，容易被人误解为官办机构，官僚气味太浓，即更名为"轮船招商总局"。一字之差，"商办"成色凸显。又改公局主理"总办"为"商总"，总局"会办"和各地分局"总办"统一改称"商董"。挪了窝，更了名，官味淡，商味浓，招商局风貌焕然一新。

诚然，要盘活局务，不能只作表面文章，关键在于变法改制。唐徐二人充分发挥从商经年积累的经验与聪慧，重新修订了局规和章程，提出预算节略。

规章开宗明义："天下事，谋远者，不计利。创始者，难为功。惟能通盘筹划灼见，夫利可远及，功能善始，而又斟酌无弊焉，方可议行，岂曰冒昧从事哉！轮船招商，创千古未有之局，苟非谙熟时势、深悉情形者，未免中多疑虑。夫五口通商之始，夹板船盛行，而民船揽载日减，迨后轮船四出，水脚愈贱，船身愈坚，驾驶之灵，快捷十倍，各商以其货不受潮，本可速归也，遂争趋之，而夹板生意大为侵夺矣。此皆时事变迁，非甘弃民船，而取洋船也。目前大局势成难挽，亟宜自置轮船揽运货物，以收利权，此正

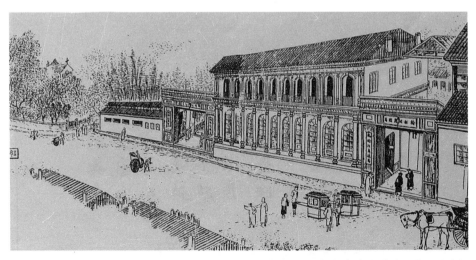

轮船招商总局（英租界三马路）

81

富国便商之要务也。"①

唐氏上任第二个月,《轮船招商局局规》（以下简称《局规》）十四条和《重订招商局章程》（以下简称《章程》）八条出笼,旨在理清官商关系,去官僚化,革除人浮于事等弊端。

《局规》内容例举四条大致如下:

第一条:招股100万两,先收50万两做1000股,每股500两。第二条:上海为总局,定名"轮船招商总局",各地设分局,如天津为"轮船招商津局"。第三条:"每百股举一商董,于众董之中推一总董","以三年为期,期满之日,公议或请留,或另举。"第四条:总局主政为"商总",分局为"商董"。其余条款与原有条文亦多有改革。②

《局规》强调用人的原则和标准:选用"精明强干、朴实老诚之人",任前"查明来历,取具保结",且须经总局批准;"轮船之主、大伙、铁匠、司事、水手人等,归总局选用"。"设有差池,惟该董原保是问","取具保结,毋得徇情"。

《章程》八条,大致如下:

第一条:"办事商董,拟请预先选定,以专责成。"

第二条:"轮船归商办理,拟请删去繁文,以归简易。""司事人等,不得人浮于事,请免添派委员,并拟除去文案、书写、听差等名目,以节糜费。其进出银钱书目,每日有流水簿,每月有小结簿,每年有总结簿,局内商董司事,公司核算,若须申报,即照底簿录呈,请免造册报销,以省文牍。"

第三条:局内需用经费,拟酌定数目以示限制。事无撙节,断难经久。兹拟局内商总董事人等,年中辛工饭食以及纸张杂用,拟于轮船运粮揽载水

---

① 唐廷枢:《论轮船招商事宜及现办情形》,载胡政、李亚东点校:《招商局创办之初（1873—1880）》,中国社会科学出版社,2010年,第14页。

② 唐廷枢:《论轮船招商事宜及现办情形》,载胡政、李亚东点校:《招商局创办之初（1873—1880）》,中国社会科学出版社,2010年,第6—8页。

脚之内，每百两提出五两以作局内前项经费。其栈内经费则酌将耗米开支，船内经费则将所定船内月费开支，统俟年终核计。一年所得水脚银两，除每百两提去经费五两，又照各股本银每百两提去利银十两之外，如有盈余，以八成摊归各股作为溢利，以二成分与商总董事人等作为花红，以示鼓励。其分派花红之处，随时公同核议。

第四条："兑漕交漕请分任以资熟手。"由朱其昂继续办理漕务，唐廷枢办理船务，各司其职，免有争议。

第五条："轮船应领中国牌照，旧新关完税，以免洋商借口。"

第六条："栈房轮船均宜保险，以重资本。"

第七条："海运局交收漕粮，仍照沙船向章办理，以免歧异。"

第八条："轮船宜选择能干之人，学习驾驶，以育人才，而免掣肘。""不精于针盘、度线、风潮、水性者，不足以当船主大伙；不识机器、水器者，不能管机器。""将来学有成功，商船所提保险资本又积有巨款，则可全用华人驾驶。"

《预算节略》，规定控制不必要开支，"自置轮船揽运货物，以收利权，此正富国便商之要务也"，"惟盼各帮联络，共襄大局，使各口运转之利，尽归中土"。①

经过招股和委派，总局和分局任职如下：

轮船招商局商董情况表（1873—1885）

地域	姓名	职务	任职时间	字号	生卒年	籍贯	备注
上海	唐廷枢	商总	1873—1884	字建时，号景星	1832—1892	广东香山	曾任怡和洋行买办
	徐润	商董	1873—1884	字润立，号雨之	1838—1911	广东香山	曾任宝顺洋行买办

---

① 唐廷枢：《论轮船招商事宜及现办情形》，载胡政、李亚东点校：《招商局创办之初（1873—1880）》，中国社会科学出版社，2010年，第3—5页。

（续表）

地域	姓名	职务	任职时间	字号	生卒年	籍贯	备注
上海	朱其昂	会办	1873—1877	字云甫	1837—1878	江苏宝山	1873年1月-6月任总办
	盛宣怀	会办	1873—1879	字杏荪，号愚斋	1844—1916	江苏武进	
		督办	1885—1902				
	朱其诏	会办	1873—1878	字翼甫	?—1892	江苏宝山	
	朱其莼	商董	1873—1878	字粹甫		江苏宝山	沙船世家
	叶廷眷	会办	1878—1879	字顾之	1829—1886	广东香山	曾任上海知县、江苏候补道
	张鸿禄	商董	1881—1885	字叔和	1841—1919	江苏无锡	曾任太古洋行买办
	郑观应	会办	1882—1883	字正翔，号陶斋	1842—1921	广东香山	太古洋行买办
		总办	1883—1884				
	马建忠	会办	1884—1891	字眉叔	1844—1900	江苏丹徒	留法
	谢家福	会办	1884—1891	字绥之，号望炊	1847—1896	江苏吴县	曾任上海电报局及织布局会办
天津	宋缉	商董	1873—1877	字达泉		广东香山	曾任宝顺洋行买办
	朱其诏	商董	1878—1879	字翼甫	?-1892	江苏宝山	
	黄建笃	商董	1879—?	字花农	1850—1907	广东顺德	1844年在任

（续表）

地域	姓名	职务	任职时间	字号	生卒年	籍贯	备注
广州	唐廷庚	商董	1873—1884	字建廉，号应星	1835—1896	广东香山	曾任粤海关翻译
	吴俊熊	商董	1884				
香港	陈树棠	商董	1873—1878	字芨南	1828—1888	广东香山	总理粤闽南洋局务
香港	张萌孙	商董	1883—1895	号碌如	？—1895	广东宝安	
汕头	范世尧	商董	1873—1875			广东	
	廖维杰	商董	1883—1895	字紫珊		广东惠阳	1895年在任，廖仲恺叔父
镇江	吴銮	商董	1873—？	字左仪		江苏镇江	1883年在任
	袁鹤亭	商董	1884				1884年在任
汉口	刘绍宗	商董	1875—1880	述庭		广东香山	曾任琼记洋行汉口买办
	周家骏	商董	1878—	云卿			
	唐德熙	商董	1875—1883	号凤墀	？—1918	广东香山	
	张寅宾	商董	1883—？	德明		广东番禺	1887年为太古洋行买办
宜昌	张鸿禄	商董	1877—1883	字叔和	1841—1919	江苏无锡	曾任太古洋行买办
	李祥简	商董	1883—1889	号笋斋		浙江宁波	
九江	黄灼堂	商董	1875				
	孙楚卿	商董	1882—1887				

（续表）

地域	姓名	职务	任职时间	字号	生卒年	籍贯	备注
芜湖	刘吉六	商董	1883—?			广东香山	
烟台	陈敬亭	商董	1883—1898			广东	
	李载之	商董	1885—1910	号福全	？—1932	广东	
宁波	汪子述	商董	1873—1883				
	谢益斋	商董	1883—1887				1892-1897年复任
温州	蔡如松	商董	1878—1887	号侣陶		广东香山	
	蔡月轩	商董	1883		1840—？	广东香山	
福州	唐培远	商董	1873—1878	字巧文，号静庵	1818—1878	广东香山	
	唐培香	商董	1878—1888	字恩文，号英斋	1828—1888	广东香山	1883年在任
	王叔蕃	商董	1888—1899	字晓峰，号念劬			
厦门	郭用川	商董	1873—1875				
	王渊如	商董	1875—1883	字怡堂			德记洋行买办
台湾	王修三	商董	1883				
牛庄	翁晓山	商董	1883—1885				
横滨	罗伟堂	商董	1884			广东南海	

（续表）

地域	姓名	职务	任职时间	字号	生卒年	籍贯	备注
神户	麦旭初	商董	1884			广东三水	1884年在任
新加坡	胡璇泽	商董	1879—1880	又名玉基，号琼轩	1816—1880	广东番禺	
	陈金钟	商董	1884		1829—1892	福建海澄	
暹罗	陈善继	商董	1879			福建海澄	陈金钟之子
	郑庆裕	商董	1883—1884				
槟榔屿	胡紫珊	商董	1883—1884				
西贡	张沛霖	商董	1878—1884	号沃生		广东香山	
吕宋	黄赞坡	商董	1884			福建泉州	
噶啰吧	陈文炳	商董	1884				

新增商董大多都是广东商人。唐廷枢曾感慰坦言："招商局最初附股之人，固由廷枢招至，即后来买受者，廷枢亦大半相识。"这些商董都有买办经历，精明能干，经验老到，资金厚实，办事干练，效率高。徐润忆及："创事之始，用人为先。招商总分各局二十余处，所用中外得力人员。"

无怪乎，唐廷枢选任诸多同乡，首要是他们的经验、资金、人脉等优质资源，有助于商局的发展；再者，亲友同乡便于沟通和统一意见，减少掣肘；再次，航运业正值勃兴，有利可图，合作共赢。一分为二者，正是因为唐廷枢用人多属同乡，也成为局中"异乡人"和局外"异见者"攻击其任人唯亲、以权谋私的把柄。

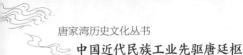

唐廷枢还善于借力。他在怡和洋行任职十年，又荐举长兄廷桂接任总买办，入主招商局后，仍兼任怡和属下的东海轮船公司董事，唐廷桂留在怡和，接续了唐廷枢在洋行的资源和人脉。由此，招商局和怡和在轮船运输业上保持着润滑式的互动，为与怡和洋行的竞争对手旗昌洋行展开角斗，埋下伏笔。

唐廷枢初战告捷，李鸿章看在眼里，喜在心头。他致函福建船政大臣沈葆桢，对前景信心满满："招致精习船务生意之粤人唐丞廷枢为坐局商总，两月间入股近百万，此局似可恢张。雪岩如不便另立门户，或劝令并为一局，将来竟易名中国轮船公司，则名正而势远。"①

改革是为了发展，发展依赖资金，资金亟须招股。唐廷枢初将资本定为100万两，先收50万两，分1000股，每股500两。唐本人投资10万两，徐润12万两，作了带头示范，粤籍富商纷纷跟进。唐廷桂作为怡和总买办，为弟弟唐廷枢募集资金出力不少。不到一年，招满了50万两。到1881年，便将100万两股本招满，股票价格随之上扬。1883年，为满足还有商人申请入股，唐廷枢增招了100万两新股。

有了充足的资金保障，唐廷枢开始谋划更大的布局，一面增添船只，一面在沿海和沿江口岸增设分局、开辟航线，彰显出同外国轮船公司决一雌雄的气势。

以码头栈房为例，唐廷枢接手时，仅有上海一处，至1883年，国内增设天津、烟台、牛庄、镇江、九江、汉口、宁波、福州、厦门、汕头、香港、广州等12个分局或货栈，海外有横滨、神户、新加坡、槟榔屿、西贡、吕宋暹罗、噶啰吧等8个分局或货栈。

以轮船数量为例，唐廷枢到任前，仅有"伊顿""永清""福星""利运"四艘轮船，经逐年添置，以及接收旗昌洋行的16艘，到1883年，江船有"江宽""江永""江孚""江表""江裕""江通""江天""江平"等8艘；海轮有

---

① 李鸿章：《复沈中丞（同治十二年闰六月初六日夜）》，载顾廷龙，戴逸主编：《李鸿章全集》第30册，安徽教育出版社，2008年，第547页。

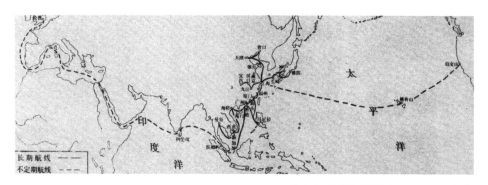

轮船招商局航线图（1873—1883年）

"保大""丰顺""海晏""海定""普济""永清""利运""日新""镇东""拱北""永宁""海琛""富顺""富有""美富""广利""致远""图南"等18艘。还有"伊顿因"1876年失火改做泵船，以及"和众"号等沉船没有算入。

以航线为例，唐廷枢先后开辟上海经镇江、九江至汉口的长江航线，上海经烟台至天津等北洋航线，上海经宁波、福州、厦门、汕头、香港至广州的东南沿海航线，广州经香港、檀香山至旧金山的太平洋航线，广州、香港至新加坡、吕宋、越南等地的南洋航线。

太平洋航线乃是招商局试图打造的海外经典航线，以打通美国西海岸，宣扬中华民族的国威为愿景，"和众"号和"美富"号两艘轮船成为横跨太平洋的先锋。1879年10月19日，唐廷枢派"和众"号从广州黄埔港出发，首航檀香山，探索开辟太平洋航线的可能性，以开拓最长的海外航线。首航往返顺利，增强了信心。考虑到美国众多华侨往来，商贸货物频繁，利润可期，次年7月，唐廷枢委其弟廷庚率"和众"号行驶檀香山，复至旧金山探路，欲把太平洋航线延伸到美国海岸，奈何美国挑起"排华"浪潮，加州海关对"和众"号加征关税和船钞，百般刁难，蓄意破坏中美条约，幸得驻美公使陈兰彬和容闳出面与联邦政府交涉和控诉，才追回无理多收的税钞。11月，唐廷枢再派"和众"号前往檀香山和旧金山，在旧金山停留仅几天就被迫返航，因不敢承载乘客和货物，损失惨重。1881年1月，唐廷枢改派"美富"号走太平洋航线，以檀香山客货为主，所获利润不多。1881年4月17

日，"和众"号轮在福建海面被英国军舰"腊混"（Lapwing）号撞沉（事故动机令人生疑），仅存"美富"号专走太平洋航线。由于美国蓄意作梗，排华风潮越闹越大，客货运载剧减，遂不再赴美，仅开檀香山一埠，利润单薄，1882年太平洋航线全面停驶。

太平洋航线受挫，唐廷枢适时把目光投向欧洲。1881年10月4日，派"美富"号装载招商局汉口商董刘绍宗（述庭）等人开设的肇兴公司托运到伦敦分公司的966371磅茶叶等货物，从上海起航伦敦，为开辟欧洲航线试水。

招商局创办以来，各种保险都是向外商购买，不仅条件苛刻，还常遭刁难。如何为商局保驾护航？唐廷枢决定创办保险公司。作为倡议人和创始人之一，唐廷枢于1875年募集股金20万银两，创办"保险招商局"。次年集资25万银两创办"仁和水险公司"。1878年募资20万银两创办"济和船栈保险局"，旋增资30万银两，改名"济和水火险公司"。仁和水险公司与济和水火险公司名义上是独立经营，实际上都由招商局主办，1885年两者合并，更名"仁济和保险公司"。①唐廷枢参与几家保险公司的创办，无愧为中国近代保险业的始创者之一。

唐廷枢接手局务不到一年，力挽狂澜，大刀阔斧改革、聚集资金创业，局貌显露出勃勃朝气，李鸿章赞叹唐氏为"精习商务生意之粤人"，"唐丞廷枢、徐郎中润管理轮船揽载各事，皆熟习生意，殷实明干。"②随着航线拓展、保险业开辟，致令投资不断完善，发展一路向好。尤其是保险业的创办，对局内局外来说，不仅是双赢，而且挺起了中国人的腰杆，赢来了民族经济的生机和发展。

据唐廷枢、徐润、张鸿禄（叔和）呈给李鸿章的《核招商局收支表》，

---

① 《仁济和保险邀请议事（仁济和保险公司谨白）》，载《申报》1885年8月12日第4428号第4页，8月13日第4429号第5页，8月14日第4430号第7页，8月15日第4431号第9页，8月16日第4432号第8页。《邀请议事（仁济和保险公董启）》，载《申报》11月24—25日第4532—4533号第5页。

② 李鸿章：《复江西刘仲良方伯（同治十二年十一月十三日）》，载《李鸿章全集》（第30册），安徽教育出版社，2008年，第615页。

1873年盈利6.7万余两，1874年盈利13.5万余两，1875年盈利15.1万余两，1876年盈利34.9万余两（因与太古洋行竞争，减少盈利10余万两），1877年盈利41.9万千余两（赈捐3.4万余两，与太古洋行竞争减少盈利10余万两），1878年盈利76.6万余两，1879年盈利67万余两，轮船招商局从1873年到1879年，总体上是逐年稳定发展的。

如果说，李鸿章缔造了轮船招商局；那么，唐廷枢则铸造了轮船招商局的辉煌。

第三节
"商战"铸国魂

轮船招商局出世之日，适值外国轮船公司在中国群雄逐鹿之时。正是因为"它们欲多困我，使我不能持久，然后彼得垄断独登，专攘中国之利"。招商局就是为了与外轮商战而生！

1874年3月，轮船招商局派两艘轮船航行长江。未几，就遭遇了垄断长江航运的旗昌洋行和太古洋行的联手夹击。6月中旬，太古和旗昌各自向伦敦和纽约汇报两家洋行采取同盟对应——"当它们的轮船开航之日，我们将运费降低一半。"及至招商局在长江的航船增至4艘，太古和旗昌的第一次"围剿"开始了。或因唐廷桂之故，怡和未参与此。

他们采取此前成功的惯用伎俩，大幅减低运输费用。此前，外轮的运输费用，"至低者每吨东洋四元，汉口四两，宁波二元半，天津每担六钱，汕头去货二钱回货四角，广东二钱或三钱"。"围剿"后，"甚至每吨东洋跌至二元或一元半，汉口二两，宁波一元或半元，天津每担三钱或四钱，汕头去货一钱或钱二分，回货二角半，广东一角半或一钱半，总而计之所减不及六折"。①

次年，旗昌和太古的削价更为猛烈，水脚再度大跌，"闽粤往日三四角水脚减至一角，宁波二元半减至半元，长江五两减至二两，天津八两减至五两，各口客位亦减至七折或一半"。②李鸿章担心招商局抵不过，赶紧筹拨官款五十万两作为局中存项，以免重出庄息，压力为之一舒。

削价越演越烈，外轮心计也越显越劣。以上海至汉口水脚为例，1872年是四两，1873年减为二两，1877年"每百斤跌至水脚一钱"。上海至汕头的水脚从每百斤一钱二分减至六分。

恶性挑衅的结果，是搬起石头砸自己的脚，旗昌成立后，先后与太古、怡和、轮船招商局等中外轮船公司压价竞争，终致破产。该公司"称雄于长江、津河，及独霸宁波一口，已十余年矣。招商局创立时，人皆谓难与旗昌颉颃，而招商局以洞庭、永宁、汉阳往来长江，以挫其锐，似大有往来宁波以削其膏，是以未及两年，旗昌竟有退让之态"。其实，旗昌公司与太古洋行竞争以来，利润从1871年的94万两一路下跌至1876年的17.9万两，加上不少美籍股东回国，买办陈竹坪（煦元）年老体衰，管理层不得不萌生退让之念。

徐润得悉，发电报给唐廷枢和盛宣怀等人，商议能否买下旗昌，希望吃掉劲

唐廷枢致盛宣怀函（四月二十七日）

① 陈玉庆整理：《国民政府清查整理招商局委员会报告书》，社会科学文献出版社，2013年，第413页。

② 陈玉庆整理：《国民政府清查整理招商局委员会报告书》，社会科学文献出版社，2013年，第415页。

敌，强壮自身，与太古等洋行抗衡。此时，被丁日昌借调到福建办理电报业务的唐廷枢，深知事体重大——如是大手笔，须大决心，更需大款项，非招商局所能拍板。他一面频繁与徐润、盛宣怀、朱其昂、朱其诏等电报商议，一面乘船赶回上海。又马不停蹄偕盛宣怀、徐润等人赶往南京，拜会两江总督沈葆桢，禀报收购事宜。经过与旗昌反复商议，由江海关道冯焌光（竹如）筹借10万银两，又找各钱庄筹借10万银两。12月28日，沈葆桢批准借款给轮船招商局，从江南各库暂拨50万两，应允与李鸿章联名上奏，同时从浙江、江西、湖北、四川、山东五省各拨官本10万两，计50万两借给招商局。又找江冯焌光、上海机器局总办吴大廷（彤云）、李兴锐和郑藻如（玉轩）等决策，作速战速决。盛宣怀垫付20万银两作为首付。1877年初，旗昌公司将全部资产，以规银222万两卖给招商局。其中码头、轮船、栈房、船坞、铁厂及物品价值200万两，汉口、九江、镇江、宁波、天津各码头洋楼栈房及花红等价值20万两，2万两作为佣金付给经纪人。3月1日，招商局先付122万两，余下100万两，往后5年按季分期付给，未付数款按8厘计息。

招商局收购旗昌，轮船一下增至29艘，总吨位达30526吨，完全改变了中国航运业在中外力量的比重，在中外引起极大震动。西方在华人士惊叹：招商局收购旗昌，意味着清政府准备接管所有洋行，将采取进一步的排外措施。有传说清政府即将收购怡和的华海轮船公司。还谣传清政府决心垄断长江航运，以保证轮船招商局有利可图。

大有大的难处。招商局花巨资购买旗昌，也造成自身的资金危机。所支付旗昌的222万两，其中100万两来自江苏、浙江、湖北及江西等省"公款"。购入旗昌之后，"为洋商一意倾轧，以致日行支绌，此非尽谋之不善，实出于势之无可如何"。屋漏偏逢连夜雨，接着遇上1877到1878年华北"丁卯奇荒"造成的经济萧条，货运收入大受影响，招商局一时陷入困境。

旗昌销声匿迹，航运市场形成太古、怡和和招商局三足鼎立。由于唐廷枢与怡和的关系特殊，长兄唐廷桂正在怡和供职总买办，竞争对手实质只剩下太古一家。"乃美国之旗昌归并已成，不期英国之太古忌嫉更甚……遽尔拼命争挤，故意减低水脚，上海至汉口每百斤跌至水脚一钱，上海至汕头每百斤六分，又分一船走宁波以挠我，势使商局兼顾不遑，招徕难旺。"①太古洋行则采取继续降价来压垮招商局，"太古、怡和以招商局资本不充，愈将客货水脚更跌相争，盖欲多方困我，使我不能持久，然后彼得垄断独登，专狭中国之利"。②

6月，"自汉口至上海运货运价降至茶叶每吨只有五角，都难以弥补船运及转运费用"。如是大幅度削价，无论是太古还是招商局都无法承受。《海关贸易报告》披露："据说它（轮船招商局）不止一次地提出和解，但条件并不是平分贸易，以致到年底还不曾达成合同。"太古在"故意减低水脚"的同时，"使商局兼顾不遑，招徕难旺"。此时，招商局于商战中已显骑虎难下，仍咬牙支撑。

商战胶着，《字林西报》（North China Daily News）急得为英商喊冤，说"现中国朝廷拟议招商轮船局所有借收未还各款，俱由国家自行筹填，盖船局所借李伯相之钱七十万吊（实为直隶官款），各海关所暂借之银一百万两，概算国家入股也。洵如斯，则商局将更为官局也"。意在中伤招商局。

中方也在应急。7月1日，李鸿章复函郭嵩焘："去冬招商局收买旗昌轮船，幼丹（沈葆桢）请拨官帑百万，再招商股百廿万，迄今半载，华商无一入股，可见民心之难齐"。此间，沈葆桢致函黎兆棠，指出"招商局兼旗昌有之，固是胜算，太古、宝昌毫不足虑。所虑者：一在官商不能一体，官欲独居其利，使商任其责，商又欲各私其利；一在五贤相厄，互有违言，于招徕一道自相矛盾。若去此二病，虽十倍太古，亦无如我何！"③

10月24日，山西道监察御史董儁翰上奏《轮船招商局关系紧要急须实力

---

① 李鸿章：《致总署论维持招商局附轮船招商局公议略（光绪三年九月二十九日）》，载顾廷龙，戴逸主编：《李鸿章全集》第32册，安徽教育出版社，2008年，第149页。
② 李鸿章：《致总署论维持招商局附轮船招商局公议略（光绪三年九月二十九日）》，载《李鸿章全集》第32册，第146页。
③ 林庆元、王道成考注《沈葆桢信札考注》，巴蜀书社，2014年，第548页。

整顿折》，强调"或谓该局应仿照船政成案，专设大臣一员管理。臣愚以为易商为官，徒滋浮费，且恐转多掣肘，不如仍存商局之名，由南北洋通商大臣统辖，庶查察较易周密，而经费无须再增"。[1]11月3日，沈葆桢上奏《江苏饷源日竭兼筹酌剂》，阐明"提存招商局银五十万两，虽商务因而起色，而江安粮库一洗而空，江藩库、江海关俱以要款抵拨，至今无从归补，不能不悔任事之孟浪也。然此藏诸外府，俟商股充溢，尚可陆续收回"。[2]

李鸿章于关键时刻再出援手。11月4日函复译署："仿照钱粮缓征，盐务帑利缓交之例，将该局承领各省公款（银一百九十万八千两），暂行缓缴三年利息，借以休息周转，陆续筹还旗昌及钱庄欠项。三年满后，自光绪六年起，即分四年提还官本"。[3]5日，李鸿章致函沈葆桢："总署闻招商局被太古挤跌，势将不支，函询如何设法维持，尊处谅亦接信。已否？具复。适月前朱、唐、徐三道在津会议，粗有规模，因据情酌核，缄复总署"。[4]12月29日，李鸿章以招商局"商本未充，生意淡薄"为由，奏请"俟光绪六年起，缓利拔本，匀分五期，每年缴还一期，以纾商力。每期计应缴官、本银三十八万一千六百两。……届时照缴，无论如何为难，不得再求展缓"。[5]

残酷的削价，太古洋行亦至筋疲力尽，同样陷入了困境。太古行东老斯怀尔（John Samuel Swire）上书英国政府，称：清政府给予轮船招商局以漕运专利，中国人发誓要粉碎外资航运企业，已经击垮了旗昌洋行，在长江

---

① 董儁翰：《奏轮船招商局关系紧要，急须实力整顿折 附上谕（光绪三年九月十八日）》，载王彦威、王亮辑编；李育民、刘利民、李传斌、伍成泉点校整理：《清季外交史料》（第2册），湖南师范大学出版社，2015年，第214—215页。
② 沈葆桢：《江苏饷源日竭兼筹酌剂（光绪三年九月二十八日）》，载《船政文化研究·沈葆桢文集》，2008年第6辑，第326页。
③ 李鸿章：《致总署论维持招商局附轮船招商局公议略（光绪三年九月二十九日）》，载《李鸿章全集》第32册，第147页。
④ 李鸿章：《复沈幼丹制军（光绪三年十月初一日戌刻）》，载《李鸿章全集》第32册，第151页。
⑤ 李鸿章：《整顿招商局事宜折（光绪三年十一月二十五日）》，载《李鸿章全集》第7册，第498页。

航线上只剩下太古洋行作为唯一一家外国轮船公司在长江航线，要求政府协助太古摆脱窘境。英国政府拒绝介入。1877年是太古洋行历史上利润最低的一年，仅结余3002英镑，无法发放股息。股东最关心的是股息的高低，"他们对延期发放股息，以期在中国取得优势，已经等得不耐烦了"。

削价挑衅，损人亦害己。目睹两败俱伤，太古行东老斯怀尔决定停止商战，从汉口专程到上海与招商局谈判齐价合同。时人记载："长江因太古争持，不无吃亏。而太古亦自受累甚重，是以欲与职局转圜。"①

1877年12月18日，太古行东亲自到招商局，向唐廷枢、徐润表达和好之意。唐廷枢等则明确表示：招商局"欲收回利权，与（外商）存垄断之心有间"，但为减少竞争损失，同意"量为变通"。经过数轮艰苦谈判，在英国律师担文（William Venn Drummond）主持下，双方签订了《齐价合同》，分享在长江合伙经营的利润，招商局占55%，太古占45%。随后唐廷枢与怡和洋行签订了《齐价合同》，以招商局三条船、怡和两条船共同经营上海至天津航线，以海关文件为准，按比例分成。两份合同于1878年1月1日生效，有效期3年，是为第一次《齐价合同》。唐廷枢和徐润审时度势，在招商局实力并不占优的前提下，与太古、怡和签下《齐价合同》，反而有利于轮船招商局，足见唐廷枢和徐润的睿智过人和谈判技巧的高超。

1879年，唐廷枢和徐润推行一项全面紧缩开支的改革计划。要求船长对本船的开支负责，并与职局主管共同监理重大项目开支。各地分局也建立相应的经费制度，经费支出按收入总额的比例预算，局董根据分局货栈及地产规模每年缴纳一笔额定费用。新规虽不能杜绝所有漏洞和贪污，但是紧缩了支出，有利于节余。

为了减少收购旗昌带来管理上的压力，进一步完善管理制度，推进公司近代化进程，招商局于1880年（光绪六年）颁布了《轮船招商总局章程》

---

① 《姚岳望致盛宣怀函（光绪十六年八月十九日）》，转引夏东元：《晚清洋务运动研究》，四川人民出版社，1985年，第184页。

轮船招商局双鱼旗

（以下简称《章程》），唐廷枢为之撰写序言，强调：欲斯局之推行日益利，奇赢日益丰，规模日益新，声名日益振，蒸蒸焉，隆隆焉，虽不得驾外国轮船而上之，顾不使外国之人傲我以所不能，而靳我以所不及。庶几，上有以酬傅相之知，下有以延中国商人百世无穷之利。要之，在乎法而已。欲求其法，先周览外国书之涉轮船者，译而出之，然后参以中国之所不同，时异因乎时，地异因乎地，博采众论，务求一是。自本局之总纲细目，以及行船所宜忌，都为一百三十二条，并附以航海之道大略，现行利弊，殆括于此，他日闻见，再当补遗。本次《章程》是1873年章程的补正及进一步完善，序言阐述规章修订之缘由与价值、务实求是之方针、纲则之规范操作，体现了唐廷枢与时俱进、将公司引入近代化的良苦用心。

　　《章程》凡13类，细则132条，内容为：第1—4条《纲领》，第5—14条《局董》，第15—50条《船主、副手》，第51—60条《管轮》，第61—72条《账房》，第73—82条《装货、卸货》，第83—100条《搭客》，第101—102条《公文、书信》，第103—106条《轮船用物》，第107—110条《修理》，第111—118条《管栈、管泵船》，第119—124条《专条》，第

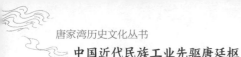

125—132条《账目》，另附《航海箴规》。《章程》对招商局务的制度规章都做了颇为详细的规约，不失为近代中国第一份现代化的公司规章制度，对于同时和往后创办公司的规范管理，无疑具有示范作用。

《航海箴规》包含《声明》《灯火》《轮船应用灯火》《拖船应用灯火》《风篷船应用灯火》《小船灯火变通颁行》《停泊之船应用灯火》《领港船应用灯火》《渔船艇应用灯火》《雾中响号》《风篷船相遇》《风篷船横驶》《两轮船相遇》《两轮船横来》《风篷船、轮船相遇》《轮船须缓行》《快船赶上慢船》《宜将第十二、十四、十五、十七各条变通》《格外事件宜随时变通》《防范各件极宜紧记奉行》等20条轮船航运制度，这是中国最早的航运安全章程，对航行中使用灯光和鸣号、轮船相遇避让或赶超让行，做了极为详细的规定，不仅规范轮船驾驶和航行，也有利于培养船员的规则意识，避免事故发生。现实中，无论海上还是江面，白天或者黑夜，轮船航行千变万化，《航海箴规》第18条和第19条明示："凡操守以上条款，亦须体察情形，遇有航海艰险或意外不测等事，极宜随时变通，毋得拘泥条格，以致坏事。"既要求守规，又需因时空变化而变通，这充分体现了唐廷枢经世思维的灵动。

鉴于《航海箴规》条文太多，文字晦涩难记，唐廷枢等遂将其编成简单易懂的《行船歌诀》，既利于船员们熟唱，也可活跃航海文化氛围：

来船旁灯一双见；须扳舵至红灯现。

绿对绿时红对红；决无危险当前面。

来船红灯在你右；必须路让来船走。

见机而作慎临时；左右退停当免咎。

若使左边有船来；绿灯映射勿惊猜。

不用慌张不改向；左边现绿正当该。

避险能安要认真，除疑全仗望头人。

若逢险处惊无路，酌量停轮打倒轮。

《总局章程》以及《航海箴规》和《行船歌诀》的颁行，细致到位，语言朴实，从另一个侧面展示了唐廷枢的风格——"廷枢在商言商，语宗朴实，颇无文采，特不敢为粉饰、模棱之词，有误观览是法也"。

1881年，轮船招商局还清了旗昌洋行的钱款，开始将漕运的全部收入用于分期偿还官款。1882年，唐廷枢将太古洋行的香山籍买办郑观应招入轮船招商局做"会办"。1883年1月，唐廷枢、徐润与太古洋行、怡和洋行续签了《齐价合同》，长江联营收入，招商局占42%、太古洋行占38%、怡和洋行占20%，在上海至天津的北洋航线，招商局占44%（漕运收入不计）、太古洋行占28%、怡和洋行占28%。新的协议，招商局再度占了优势。

为了拓展海外业务，唐廷枢亲自出马，于1883年4月18日携同精通多国语言的非洲裔美国商人、前任大清驻美公使浦安臣私人秘书白得来（G.A. Butler）和上海报界名笔袁祖志等随从，作首次欧洲远行。唐氏以考察为名而身兼数任：为招商局订购船只、向外国洋行借款、与英国太古、怡和洋行商议齐价合同、考察欧洲和南美航线，还奉李鸿章之命为北洋水师订购军舰。他自述道："窃自念此非徒作壮游也，要当身历其境，心识其事，略其小，详其大，揣其本，明其末，事事以利我国家，利我商民为务，而不为纸上凿空之谈，庶不负此一行，且不负伯相见畀深意。"[①]

轮船从上海出发，4月21日抵香港。24日，兵分两路，唐廷枢赴法国马赛，而白得来则赴尼泊尔，约定在欧洲会合。唐氏于5月30日抵意大利。罗马街头，唐氏长袍马褂，亚洲面孔，流利英语，轰动一时。至比利时，他亲自考察矿区，下井深至三百余丈，细加考究。抵达英国，到苏格兰格拉斯哥造船厂，为招商局定造船只两艘。[②]入伦敦，下榻刘绍宗等广东商人开办

---

① 唐廷枢：《序》，袁祖志著，鄢琨校点：《瀛海采问纪实》，岳麓书社，2016年，第10页。

② 《定造轮船》载："招商局总办唐景星观察前赴外洋，此已列报，兹得英国来信，言唐观察近在英国格来忒地方船厂观玩，向该船厂主定造轮船两艘，以备将来往来津沪之用也。"见《申报》1883年7月26日第3694号第2页。

伦敦《图画周报》1883年9月15日刊登唐廷枢画像（右）

的肇兴公司月余，经理梁绍刚（星垣）陪同参访名胜古迹等。7月20日，英国"禁烟会"（Society for the Suppression of the Opium Trade）专门邀请唐廷枢往安妮女王府邸发表演说。他指出，英国成立禁烟会在中国引起了巨大的轰动……若非英国强行输入洋药并抗议中国官员干预，中国怎么会有这么多土药的种植？唐氏列举身边亲友受鸦片毒害的亲历亲闻，阐明鸦片危害巨大；陈述中国遏制鸦片蔓延的努力过程；呼吁英国协助中国根除鸦片："在道德上，我呼吁这个播下了邪恶种子的国家，至少是协助中国政府消除那些种子所产生的邪恶"。唐廷枢的演说，赢得了与会者的喝彩，他们将演说词整理，刊发于中英两国发行的、该组织的刊物《中国之友》。

在英法考察期间，值中法战争爆发，唐廷枢与驻英、法、俄公使曾纪泽（劼刚）往来频繁，并拜访了法国作战部长，知悉他对中法战争比较悲观，即将此情电报李鸿章。由于中法战争爆发，加之肇兴公司倒闭，失去了凭借的支点与货源，招商局原拟之欧洲航线有似无本之木。美富轮的伦敦之行，亦成绝唱。

10月间，唐廷枢一行抵达巴西，考察首都里约、米纳斯、圣保罗等地，涉足深山穷谷之米纳斯矿区，惊见华工生活困苦不堪，受辱境遇凄惨，亟须使节保护，但清政府未与该国建交，只能徒呼奈何，南美开航自然失却了前提。

唐廷枢一行于1883年12月启程回国，次年1月19日抵达上海。此行历时十个月，考察了新加坡、意大利、瑞士、法国、英国、荷兰、比利时、德国、西班牙、葡萄牙、巴西等十多个国家，举凡"博物院、机器场、天主堂、议政院，以及书院、义学、炮厂、船坞、织布、制糖之所，莫不一一遍历，细细研求。暇则笔之于书，终夕不懈，虽在轮舟之中，轮车之上，沿途亦必向人讯问，烦人指点，勤勤恳恳，绝不惮烦。往还经过，计程十万余里，静观有得已自不少，又复如是之寻求"。①

---

① 袁祖志：《书唐景星观察事》，载《字林沪报》1892年11月5日第2版。

唐廷枢在欧洲访问期间，于1883年冬，"经英国，乃约同怡和太古两行主，先后来华，再将北洋、长江、浙、闽、港、粤轮船揽载事宜，在沪重订合同，六年为限，俾中国各口生意可以久固根基，推广利益"①。唐廷枢出洋考察，"眼界为之一宽"，"且与太古、怡和两行东订交最密三公司合同，遂由以起"。1883年12月间，"招商局与太古、怡和两家议定，订立六年合同，长江生意，本局得三十八分，太古得三十五分，怡和得二十七分"。"天津生意，本局得四十四分，太古得二十八分，怡和得二十八分。其由北洋来往各埠之船，本局派十一号，太古派十二号，怡和派七号，禅臣派四号，所得水脚银两，以船之吨位多少，里数迟速，统算均分，同心合力，不得有跌价争揽情事。似此办理揽载客货较有把握。"②是为第二次《齐价合同》（1884—1890年），轮船招商局继续确立了优势地位。

唐廷枢入主招商局十年，先是励精图治，于强身壮体期间，与坐大的英美轮船公司直面"商战"，先是收购了称雄一时的美商旗昌轮船公司，旋与太古洋行和怡和洋行签订《齐价合同》，一举打破了列强轮船对中国航运业的垄断，也将中国航运业的主导权夺了回来。沈葆桢称颂唐氏主政招商局"是真转弱为强之始"，李鸿章赞誉"实为开办洋务四十年来最得手文字"。

轮船招商局作为中国近代规模最大、引进西方技术和管理方式最早的商本企业，也是企业经营史中一家成功的典范。唐廷枢作为操盘者，理智而和谐地润滑了官商关系，妥善地化解了各商家的矛盾，平稳地协调了业界的利益，成功地创造了近代企业的模式，从而建树了民族企业的中国品牌。大象无形者，乃是在国际上成功塑造了中华民族的气派！

---

① 陈玉庆整理：《国民政府清查整理招商局委员会报告书》，社会科学文献出版社，第429页。
② 徐润：《徐愚斋自叙年谱》，香山徐氏校印，1927年，第32页。

【第六章】

开平矿务披胆肝

由李鸿章领军的"洋务中兴"事业，刷新了近代中国的两大篇章："制器"与"练兵"。制器就是制造军舰和兵器，由机器局举旗，江南制造局、金陵机器局、福州船政局、天津机器局等由是应运而生。练兵就是训练新式陆军和海军，北洋水师由是破天荒筹建。

可是，机器局兴冲冲开张，却短钱缺粮——钱财、人才、技术、机器奇缺，就连基本的煤和铁都没有，这才发现少了一个"粮食局"！事实如是，天津机器局最早的1000吨煤是伴随订购机器从英国运来的。轮船招商局每年购买洋煤费用达20多万两白银。朝廷也曾尝试开采土煤，都因质劣而无果。

为了采煤产"粮"，唐廷枢毅然衔命，以舍我其谁的气概，筚路蓝缕，悄然离开东方摩登世界的十里洋场，来到北方一个荒凉的村落乔家屯。

这，不仅彰显勇气，更展示担当！

第一节

荒山掘黑金

煤炭，被誉为工业的粮食。因为蒸汽机的能源由煤炭引燃，煤炭因此从普通的燃料摇身变成工业生产的重要能源。

有如急病乱投医，中国大型煤矿的开发，几经曲折，成如容易却艰辛！

为了供应北洋水师、轮船招商局和天津机器局所需煤炭，李鸿章先是采纳英国商人庵特生（James Henderson）的建议，选择开采直隶磁州煤矿。1875年5月，得朝廷钦定，筹建正在张罗，交通成了拦路虎。磁州河流虽多，冬季遇结冰，无法运输；三河水面狭窄，仅能行小船。如果大量开采，无法满足运量，而改走陆路，距离较远，成本昂贵。再者，庵特生所订机器不全，未能成交。

磁州不成，李鸿章遂将目光投向交通便利的长江流域，与两江总督沈葆桢和兼署湖广总督、湖北巡抚翁同爵联衔，奏请在湖北兴国州（今黄石市阳新县）开办煤矿。得谕准，成立"湖北开采煤铁总局"，聘英国矿师马立师（Samuel John Morris）为煤铁总局监工，在广济和兴国两处，用土法连续开挖四十余座煤窑，勘探煤铁矿产，试办了半年，未见成效，计划中断。

磁州和湖北采煤连连受挫，李鸿章意识到开矿并非易事，焦虑满怀："中土仿用洋法开采煤铁，实为近今急务"。路在何方，他想起了唐廷枢。

1876年9月，李鸿章召唐廷枢到天津，商议勘矿，并命唐氏偕同矿师马立师赴直隶考察煤铁矿。庵特生此前曾勘探开平，有记录刊于《中西闻见录》，认为开平矿层浅露，煤质优良，"矿区之宏，煤层之厚，皆仅见者也"，而大量优质煤矿在深处，令人望而兴叹。唐廷枢偕马立师于11月4日启程考察，在大沽乘小轮，抵北塘口，沿河道逆流北上，"河道湾阔深浅，与大沽河相仿"。次日，抵达芦台，走陆路50里，抵达王兰庄，庄东陡河"直南入涧河而出海"。唐廷枢认定这是天然的运输路线，"河水尚深，惜乎弯曲窄狭，桥梁甚多，以至小船未便往来"，不适合量大而频繁的运输。6日，抵达开平古县城。开平处于两县交界，东接滦州，西邻丰润，在此开矿，需与两县协调。往后三天，他们以开平为中心，东30里至古冶，西南15里到唐山，北面20里抵凤山，绕开平方圆勘察。爬山察看山川走向和矿层脉象；入矿场访谈窑主，了解开采成本、消耗、产量、收益等；随矿工下煤窑，采集煤铁矿石标本。

开平的田野调查，令唐廷枢对煤田矿山有了基本的认知：

> 凤山至古冶，由西而东，连绵约五十里。离山脚里许，有山根一道，与高山同行。看其形势，现时之山根即古之山脚也，其铁石即在此山根之中，由山根而至山脚尽是煤井。查该处煤井乃明代

开起，遍地皆有旧址，现在开挖者亦有数十处。登风山顶一望，则东西之山相连如新月。入煤井察看，煤层均系环拱而生，即如古冶系在开平之东北，其煤层向西南而生。马家沟系在开平正北，其煤层向正南而生。唐山系在开平之西南，其煤层向东北而生。三面均望低处而走，则高低均有煤块可知。且据该处开煤土人云，无一井能采煤至底者，则其底煤多更可想见。盖煤乃古之山林，洪荒之世，山崩地裂，树木倒塌，土覆其上，木坠其下，地气发生，久而成煤。其重下坠，则低处之煤胜于高处，其势然也。至现在所开之井，均同一格，有无别格，土人不得而知。职道历查各国煤山，从未有一处只得一格之煤者。既据西人马立师禀称，已开采之一格，尚有煤六百万墩，则将来探有别格，其数更巨矣。①

唐廷枢和马立师都认为煤矿藏量丰富，具有开采价值。
通过巡山下井，乡间逸事，实访口碑，丰富了一手资料。

土人所开煤井均系民业，或祖传，或自租。其井径约七八尺，深六丈至十六丈不等，及见煤间子，即斜开而入煤层。无论煤之高低、厚薄，见煤即锄，由面至底，每进三四尺，用木桩撑持，以防土陷。锄至有水之处，又须戽水，不知锄愈深，水愈涌，非止路远，而且泥泞，遂至锄煤戽水均有不堪之苦，势必弃之。或有采至中途，忽遇煤层侧闪，无从跟寻，因而弃之；或有撑持不坚，致土倾陷，或因路不通风，点灯不着；或因工人不慎于火，以致失虞，种种艰难，无非不得其法。且采之愈艰，成本愈贵。现在开平煤块，每百斤山价银一钱五六分，煤屑每百斤银一钱左右。无怪土人

---

① 《唐廷枢呈李鸿章查看开平煤铁矿情形禀（光绪二年九月二十九日）》，李保平、邓子平、韩小白主编：《开滦煤矿档案史料集（1876—1912）》第1册，河北教育出版社，2012年，第71页。

之开煤者，缺本多而获利少矣，缘每名工人每日至多采煤四五百斤而已。"①

　　唐廷枢从采煤人口中得知，当地管煤井叫煤桶，煤桶或是祖传或是租用，采过的煤桶，没有一个采到过底，可知煤蕴藏量之巨。

　　唐廷枢一行还考察了凤山铁矿，于山脚石堆采集红色矿石，在山坡路旁拣拾紫色矿石，从山顶挖掘黄色有青点的矿石，分析成色。他们发现铁矿石藏于山脚处，矿脉连绵四五十里，宽四五丈，深不可测。有的矿脉袒露，有的隐埋于山中，傍生着石灰石，铁矿夹藏煤矿。因为炼铁每一百斤，需用石灰七十斤，煤块三百斤。唐廷枢感慨说："可谓天造地设，以为人生利用。"他们还访查附近十来家矿工，得知煤窑均由当地百姓采挖，大多废弃，乐意出售。铁矿周围多是荒山，没有坟墓，容易买下。

　　从4日到14日，唐廷枢白天考察，晚上和马立师测试矿物成色。②十天下来，他们将开平及周边矿产情状，写成《察勘开平煤铁矿务并呈条陈情形节略》（4000余字）呈给李鸿章。内容分《论山川形势》《论土人采煤情形》《论西人采煤情形》《论开平煤之价值》《论凤山铁矿情形》《论凤山铁石仿照西法镕化成本》《论由开平至涧河口筑铁路情形》《论满盘筹算》等8个部分，逐一分析。唐廷枢做事雷厉风行，效率此见一斑。

　　唐廷枢的考察报告强调："欲使开平之煤大行，以夺洋煤之利及体恤职局，轮船多得回头载脚十余万两，苟非由铁路运煤，诚恐终难振作也。"提出用西法采煤、修铁路运煤，方能赚钱。对修筑开平至涧河口铁路做出预算，认为"两年便可归本"，在《论满盘筹算》中补充说："开煤必须筑铁路，筑铁路必须采铁，煤与铁相为表里，自应一齐举办。"建议开采凤山铁矿，亦须采

---

①　《唐廷枢呈李鸿章查看开平煤铁矿情形禀（光绪二年九月二十九日）》，载《开滦煤矿档案史料集（1876—1912）》第1册，第71页。

②　《唐廷枢向李鸿章禀勘察开平煤铁情形之文（清光绪二年九月二十九日）》，载开滦矿务局史志办公室编：《开滦煤矿志（第1卷1878—1988）》，新华出版社，1992年，第343页。

行西法。不过，他估算开采铁矿和炼铁所需资金后，犹豫了。因为购买机器预计要40万银两，修筑铁路需40万银两，两项超过80万银两，数额巨大，难以筹集。且煤铁矿的成色和储量如何，还要将矿物检验后才能判定。

因唐廷枢还在招商局任上，开平煤矿方案，有以招商局轮船运输煤矿一议，既解决煤矿运输，也为招商局揽得一盘生意，可谓两全其美。至于矿务局属"官办"还是"商办"，抑或"官督商办"，须待李鸿章拍板。

唐廷枢回到天津，将矿石标本分送北京同文馆及英国化验。于等待结果期间，他和马立师于1877年夏间又去开平煤矿考察一番。

是年9月9日，唐廷枢将从英国送来的检验结果呈报李鸿章："开平之煤铁，身骨虽不能与英国最高之煤铁相比，但其成色既属相仿，采办应有把握。……其铁既无磷酸，其煤又无硫磺，却是相宜之事。夫取天地自然之利，济民生日用之需，寰中之宝藏已兴，海外之漏卮渐塞，诚属富强要术，远大宏猷。"①唐廷枢认为，"煤铁乃富强根基，亟宜开采"。开采煤铁，于国计民生均有利益。开矿炼铁事关重大，且属创始，须先拟定详细章程，做好规划，希望调派丁寿昌（乐山）和黎兆棠（召民）来督办。唐廷枢表示，开平煤矿无论官办、商办，都非常愿意效力，不敢置身事外，同时办好轮船招商局事务，也不会推诿。

李鸿章对开平煤矿方案高度重视，方案上呈六天，9月15日便批复下来：饬唐廷枢偕黎兆棠、丁寿昌拟定筹办矿务局章程。黎、丁是李氏幕僚和下属，黎氏任津海关道，丁氏为天津机器局会办，皆从事洋务多年，眼界开阔、思想包容，又老练官场规则，不失为唐廷枢的得力伙伴。

方家各尽所长，很快拟就"设局招商章程十二条"，分：设局立名、招徕商股、创始立基、储材帮办、请删繁文、结账分红、撙节局用、按股准派司事、设栈堆货转运、照市价供公用、按官私地科赋、登记股商姓氏等项。

---

① 《唐廷枢呈李鸿章熔化煤铁成色译文并条陈开采开平煤铁事宜禀并批、附（光绪三年八月初三日）》，载《开滦煤矿档案史料集（1876—1912）》第1册，第74页。

并就未来炼成生铁和熟铁，运销所缴税金和厘金两项，建议李鸿章给予优惠，以降低成本，利于与进口洋货竞争。至9月27日，经过12天反复斟酌，将《筹办开平矿务设局招商章程》和《拟筹完纳税厘章程》呈给李鸿章。

《筹办开平矿务设局招商章程》计划：募资80万银两，分8000股，每股津平足纹100两；拟先开一个煤井，建生铁炉2座，熟铁炉20—30个；俟采煤和炼铁卓见成效，再招新股20万两，购机器，开新井，拓展规模。

李鸿章处事奇快！当天就对禀文批复："拟定开平矿务总局招商凑股章程，大致均商妥。此事应以拟请矿师为第一议，其地学高下，必应查访明确，重价延聘。"他对《章程》逐条修正、补充，批示的字数，比章程文本还多，亦具体。李氏的批复，犹如东风扑面，开平煤矿拉开了筹建大幕。

开平煤矿原拟官办，缘于国库困难，改官督商办，由唐廷枢负责招股，集资80万银两。唐氏安排招商局认股21万两，说服徐润入股15万两，动用他们在上海商界的人脉与人望，招集100万两。唐廷枢主要靠召集亲友和同乡认购股份。据经元善回忆，"溯招商开平股份，皆唐徐诸公，因友及友，辗转邀集"。[1]上海《北华捷报》1897年9月3日刊登的唐廷桂讣告，提及唐廷枢能

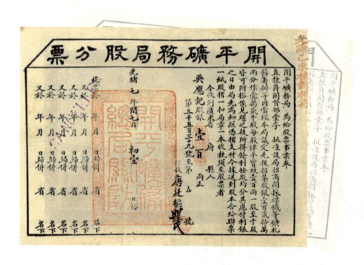

开平矿务局股分票
［唐廷枢于光绪七年闰七月初一日（1881年8月25日）签给］

---

[1] 经元善：《中国创兴纺织原始记》，载虞和平编：《经元善集》，华中师范大学出版社，2011年，第287页。

够为开平煤矿筹集巨资，有赖于唐廷桂的强大和努力奔走。于1878年发行开平矿务局股票，每股津平银100两。此票成为迄今存世最早的中国股票。

筹集的经费毕竟有限，采铁矿和炼铁机器所需资金远远超过采煤机器的费用，而中国没有矿冶和炼铁人才。"鱼与熊掌不可兼得"，唐廷枢遂放弃煤铁并举计划，先开煤矿；铁矿炼铁，则待时机矣。李鸿章有过托庵特生购置磁州煤铁矿炼铁机器失败的前车之鉴，也赞成优先采煤，风山铁矿就被搁置起来。

为煤矿开发，唐廷枢行色匆匆：1878年6月15日，偕买办柴维振一行从上海乘船抵天津，柴氏留驻开平筹备设局。7月19日，他与英国矿师巴尔（Robert Reginald Burnett）等抵达开平，即前往唐山和风山勘察煤铁矿。巴尔中文名为薄内，被委任为开平矿务局总工程师。

唐廷枢事必躬亲，艰苦备尝。7月24日，矿务总局在滦州开平镇挂牌成立。第二天，他偕薄内到开平附近矿山查勘煤铁成色。28日，选定开平镇西二十里乔家屯为首个矿井点。唐廷枢亲自督工，将勘矿机器从天津送到乔家屯。先是，机器随轮船从天津走水路到芦台，至唐山还有一百多里陆路需马车运输，面对黄沙黑土，晴天车轮容易陷入沙中；下雨车路泥深没踝。机器型大

1878年10月乔家屯钻探情形

而量重，运输极为艰险。期间，唐廷枢两次向李鸿章禀报矿务局开办情形。

9月16日，勘矿机器全部运抵乔家屯，10月2日开始试钻，共打了3个孔，相距各400英尺（约122米），钻探最深达536英尺（约163米）。为方便矿务，唐廷枢在乔家屯建平房数十间，将矿务局从开平镇迁来。

经过两个月勘探，探明唐山煤矿有六层，按唐廷枢估算，每日产煤500吨，足够开采60年。唐廷枢即向李鸿章报请及早购置机器，进行开采。[1]矿务局为纪念唐廷枢的功绩，将煤矿最厚的煤层用"景"字命名。

1879年2月8日，唐廷枢请总工程师薄内，按西式开矿办法开凿两个矿井。一号矿井深68英尺（约21米），作运输煤矿。二号矿井深103英尺（约31米），作通风排水。两井相距100英尺（约30米），每井的直径是14英尺（约4.3米），用石头砌井壁。工程进展顺利。

凿井同时，唐廷枢在开平镇唐山一带，购置土地千余亩，陆续建起井架、厂房、绞车房、工棚、办公楼、外国工程师洋楼。开平矿务局下设九大房，管理生产经营。管理部门设12个处室，工种达13个。初期中外员工计250多人。

鉴于中外、南北员工杂处，生活习惯、文化理念存在明显差异，为规范管理，唐廷枢和丁寿昌等在1879年制定《煤窑规条三十三则》《煤窑专条六十六则》《煤窑要略十五则》《洋人司事专条十二则》《煤井规条十二则》《挖河章程六条》等规章，创建一套完整的近代企业规章和管理制度，为洋务运动树立了典范。

1881年秋，开平煤矿开始出煤，日产量约300吨，一跃成为全国最大煤矿，企业效应与社会影响也随之升涨。股票升值迅猛，从100两，升至300多两。

矿务局投产后，唐廷枢还在招商局总办任上，丁寿昌和黎兆棠须复原

---

① 李鸿章：《直境开办矿务折（光绪七年四月二十三日）》，载《李鸿章全集》第9册，安徽教育出版社，2008年，第339页。

任。唐廷枢推荐吴炽昌（南皋）主持矿务。吴氏比唐氏长四岁，广东四会人，与唐氏同在怡和做过买办，两人在上海创办了普育堂。1881年12月，李鸿章上奏《吴炽昌调办矿务片》，指出矿务局"开办数年，煤产甚旺"，但由于唐廷枢兼任轮船招商局和开平矿务局两处总办，难以常驻开平办理公务。欲从广西调派"老成干练，朴实精详，通晓西国语言文字，于矿务、商务尤为熟悉"的候补知府吴炽昌前来开平矿务局任会办，以专责开平矿务。

岂料李鸿章的奏折引发了朝廷保守官员对煤矿的阻难，礼部右侍郎祁世长（子禾）从《邸报》得悉李氏奏折，于1882年初上折《奏为煤铁矿厂开采浸多，恐滋流弊，请饬停止，以养地利而清弊源》，认为开采开平煤铁矿，弊端很多，此地距京畿不过五百多里，离东陵所在的遵化县才一二百里左右，挖掘矿产，破坏了皇陵的风水，泄坤舆磅礴之气；开采煤铁，聚数以千百的无业游民会为害闾阎，还会因平毁民间坟茔而引发州县狱讼，请求皇上下旨停止开采。

1月23日，军机处奉上谕传旨："该处开采矿厂于陵寝附近山川脉络有无妨碍，著详查具奏，慎重办理，原折著摘抄给与阅看。"旋将祁氏奏折和谕令抄转李鸿章。时近春节，李鸿章饬唐廷枢先将矿局暂停，然后核查禀报。

真是天有不测之风云！2月17日，除夕夜，唐廷枢收到如此命令，如五雷轰顶，彻夜难眠。矿场被诬为破坏东陵风水，这可是冒天下之大不韪、大逆不道的事啊！总工程师金达（Claude William Kinder）忆及："那个风潮闹得很大，几乎把矿场都闹垮了。"唐廷枢匆忙结束年假，邀约同僚及熟悉地情人士，又查阅《舆地志乘》《畿辅全图》等典籍，详细剖析唐山与清东陵山川之关系，一致认定祁氏上折所列弊端为子虚乌有。

4月9日，唐廷枢向李鸿章递交《遵查开平矿局山川脉络于陵寝并无联络情形禀》，附上清晰地理图，并请派人到矿山现场考察。第二天，李鸿章批复，认可唐氏的观点，派幕僚杨嘉善（稚裳）前往遵化和滦州实地考察，查清煤矿是否有碍东陵风水及地方治理。杨嘉善衔命赶赴滦州、遵化，探访矿场，垂询乡绅、矿工，查明矿场山脉与东陵毫无瓜葛，采矿有益于百姓黎民，向来土客相安。4月23日，杨嘉善将《遵查唐山等处矿厂并无妨碍情形禀》和东陵山川方向图等调查资料，呈给李鸿章。李氏即将禀告转奏朝廷，化解了诬告的危机，矿务局大业由是复生。

唐廷枢铆足干劲，煤矿产量一路增长，1882年产量为8185吨，1883年增至8503吨，1884年为13731吨，1885年为17486吨；1886年猛增至34100吨，并出口到香港和国外。至1891年，产量达70885吨，成为煤矿业中最成功的典范，这在中国矿业史上绝无仅有。煤矿的成功，确保了北洋水师、天津机器局、上海机器局、轮船招商局的煤炭需求，还可供应天津和上海民用市场，改变了煤炭受西方挟制的局面。

开平煤矿成功的意义，不仅止于国内，自1882年起，就宣告与洋商对天津市场的争夺，点燃煤炭市场的商战之火。开平煤"烟少火白，为他国所罕见"，物美价廉，逐渐挤占洋煤在天津的市场。天津海关资料载：1881年进口洋煤为17445吨。1882年开平煤进入天津，进口洋煤降为5416吨，三年后降至566吨。至80年代末，已停止洋煤进口。天津得胜，开平煤逐渐南下上海、广州、香港等口岸城市拓展。1882年，李鸿章向朝廷上奏："从此中国兵商轮船及机器制造各局用煤，不致远购于外洋，一旦有事，庶不为敌人所把持，亦可免利源于外泄。富强之基，此为嚆矢。"措词何其扬眉吐气！

为了运输和销售煤炭，唐廷枢逐渐安排资金开挖运煤人工河、修建铁路、开设沿海城市货栈、购置或租赁轮船运煤。1881年3月至7月，矿局开挖由胥各庄到宁河县芦台镇运河，这是中国第一条运输煤矿的运河。同年3月至6月，修建唐山至胥各庄铁路，这是第一条中国自主修建的铁路，每月可运煤3600吨，极大地方便了煤炭运输和销售。1889年，为了扩大沿海市场，唐廷枢购置第一艘运煤轮船，创建矿务局运煤船队，以提高煤矿外运能力。1889年，唐廷枢和郑观应等集资在广州修建轮船码头，运销开平煤炭。开平矿务局的船队除运煤炭外，也揽载其他货物及经营客运。并陆续在天津、塘沽、烟台、牛庄、上海、广州、香港等地设立码头货栈，生意蒸蒸日上，与招商局、怡和、太古三大轮船公司旗鼓相当。运输渠道的畅通又促进了煤炭生产的发展。功夫不负有心人。挖运河，修铁路，建码头，设货栈，买煤船，为开平煤矿建立了完善的产、运、销系统，唐廷枢倾注了将近十年的心血！

开平煤矿畅销盈利，令矿局有了充足的资金和信心扩大煤炭开采。1887年唐廷枢筹办林西煤矿。林西距唐山矿井25公里，煤矿储藏丰富，掘地不到20丈见煤，煤质优良。1889年李鸿章批准林西煤矿计划，唐氏招集股银50万两在林西开凿矿井，修筑唐山至林西24公里铁路。1889—1890年，林西煤矿年产量18656吨。

开平煤矿采用西式机器和采煤方法，在英国和日本聘请了一批工程师和矿业师。1878年，有3名英籍工程师：薄内、金达、莫尔斯沃思（J. M. Molesworth）。1879年，又招募9名英国工程师和洋匠。1883年，外国技师增至18人。

然而，依赖外国技师不是长远之计。为了培养本土技术人才，唐廷枢开设采矿工程师训练学校，培训中国技师。从山东、福建和广东等省份，招募曾赴国外并拥有西式采矿技术和经验的技术工人，又接收梁普照、吴仰曾、邝荣光、唐国安等归国的"留美幼童"，随薄内、巴图勒（E. K. Buttler）学习矿业技术。此后还有留美幼童邝景扬、邝贤俦、陆锡贵、陈荣贵等到矿务局任职。

开平矿务局的成功，唐廷枢赢得了各界赞誉。1889年9月21日《字林西报》评论："过去的五六年里，在中国的股份公司内，不管是矿业还是其他企业，还没有一个中国经理能取得这样的成就。"英国记者认为，"在开采煤矿方面，唯一获得成功的就是开平煤矿"。李鸿章称颂"富强之基，此为嚆矢"。郑观应1890年致函盛宣怀满怀感慨："近日欲振兴实业、开矿办有成效者，惟唐君景星、李君秋亭而已。"

此间，唐廷枢就矿业和工业投资方面进行试探。1889年，唐廷枢和徐润协助朱其诏接办热河三山矿务局，招股10万银两，聘美国矿师毕德格（W.N.Petihck）和哲尔者（J.A.Church）主持矿务，每吨矿石可提取500

开平煤矿洋矿师与中国的煤矿工人

银两。1889年10月12日，唐廷枢和徐润到香港，与华商何献墀①洽谈，接手何氏所办的从化潭州银矿和大屿山银矿，然后前往矿场视察，看好银矿前途，将两矿合并，改名"天华银矿"。②唐廷枢邀请广东水师提督方曜（照轩）等人入股，招募8万多股金，因为资金不足，加上开采困难，请外国矿师勘察后，认为必须要百万以上的资本才能开采，无奈于1890年停办。③1891年，唐廷枢邀约郑观应计划经营造纸厂。1892年和徐润等人创办建平金矿，地点在热河建昌县金厂沟梁，矿局分为6个所。建平金矿开办后，经营状况良好，"现计总分各局，有四千余人借此养生。前年采，见金二千余两，至去年统计出金七千二百余两"。④

　　唐廷枢和徐润、郑观应等同好还尝试开办现代化农场——沽塘耕植畜

---

① 何献墀，又名阿梅、亚美、坤山、崐山，广东人，1886年先后在从化开铁铅矿，在阳山开金矿，创办大屿山银铅矿公司。1889年徐润和唐廷枢接手何献墀所办矿务公司，改名天华银矿。

② 《北华捷报》1889年11月8日。

③ 徐润撰，梁文生校注：《徐愚斋自叙年谱》，江西人民出版社，2012年，第47页。

④ 徐润撰，梁文生校注：《徐愚斋自叙年谱》，江西人民出版社，2012年，第77页。

牧公司（又称沽塘耕种公司）。唐廷枢经常往来于唐山和天津之间，见滨海盐碱地，无法耕种，荒草丛生，试图经营林业和畜牧业，把这些荒地利用起来。1881年冬，以"普惠堂"的名义，收购宁河县新河庄之西的永桐草厂荒地约4000顷，创办了沽塘耕种公司。耕种公司集资13万银两，唐廷枢和徐润出资6.2万两，郑观应出资3000两，开平矿务局出资6.5万两。矿务局出资最多，耕种公司的业务由矿务局代理。这里毗邻海河，便于开沟作渠，引入河水，使得盐碱地变为可耕地，种草植树，用于畜牧和林业。耕种公司引进西式的犁田机等现代农具，"以机器从事，行见翻犁锄禾，事半功倍"。又从澳洲和美国进口一批种牛，从美国加州引进优质树种，农产品供给矿局和天津，木材供矿局使用。畜牧业和林业投资多、见效慢，但是有益于改良水土、优化生态环境和发展经济，只是新式林业和畜牧业不是唐廷枢所擅长，因经营不活而获利不多。不过，这无疑是中国近代第一家股份制农场，被时人称为"模范农场"。

唐廷枢还在唐山创办砖瓦、焦炭、燃气、采石、机械制修等附属企业，以及医院、学校等服务业，带动了唐山的快速发展。唐山从一处小山村，辟为一个小镇，以致发展为今天的地级市，所有变迁，都源于唐廷枢打下的百年基业，唐廷枢被誉为"唐山之父"渊源有自，名符其实。

第二节

地旷铁路新

"洋人挖煤，首重运道。"1876年，唐廷枢给李鸿章呈送报告，提出远见："欲使开平之煤大行，以夺洋煤之利，以体恤职局轮船，多得回头载脚十余万两，苟非由铁路运煤，诚恐终难振作也！"他估算修筑从开平矿区至涧河一百里铁路的费用为：买地1.8万，填土4.5万，路拱1万，更楼等1万，机器货车、客车0.8万，木料5万，铁料20万，造工1万，垫砖石2.5万，筑码头2.4万，合计银40万两。但是，李鸿章虑及此前吴淞铁路因蒸汽机车运行喷出火星引燃民居，造成民怨终被拆除，没有批准这一计划。唐廷枢也理解李鸿章的苦衷，他当时就在上海，目睹耳闻吴淞铁路的兴修和拆除，修筑铁路计划只能暂时搁置。

不筑铁路，骡马车运输成本太高，那就只能依重水路了。唐廷枢重拟运输计划，在开平矿场附近挖运河，连接开平最近汇入渤海的河流，走河运转海运，打通矿务局的运煤渠道。

唐廷枢最先想起凌河，矿局初始运入机器是从凌河来的，但凌河只是一条小溪，水浅，偶时干枯，只能雨季通行。进而考虑由陡河至涧河口出海，唐廷枢对开平附近河流的河道宽窄、水位、淤沙、桥梁、水闸等情况详细调查、制图。经勘察得知，陡河河口太浅，多沙淤，路线弯曲，工程量大，资金短缺，又放弃。多方对比，唐廷枢决心从矿局修建15里马路到胥各庄（此路段地势较高，开挖运河成本也高）；从胥各庄开挖70里运河，连接芦台镇蓟运河，借蓟运河入渤海。

1880年10月10日，唐廷枢向李鸿章递交《禀拟开河运煤并呈章程由》。章程扼要六条，分"煤河"开挖、建桥、权属、使用、护理、收费立规。

禀稿上呈第二天，就获李鸿章批准，这意味更折腾的事务行将来临。

征地是一项极其复杂而艰巨的工程。唐廷枢遇上了大村庄——将军坨不愿售地的地主。还巧，此处绝大部分村民都姓唐。唐廷枢带着礼物入村认"亲"，以"五百年前是一家"为敲门砖，与村民们拉起家常，购地难题迎刃而解。唐廷枢办事坚守原则，不管是建矿、筑路，还是开办种植公司、修码头，需征租土地，都给予对方满意的补偿或租金，从不因为自己有官方背景而强取豪夺。

1881年3月，煤运河正式挑挖，胥各庄至矿场"快车路"也同时开修。7月，煤河竣工，引入蓟运河水。煤河通航，将煤运到胥各庄装驳船，由纤工牵拉到阎庄，改由汽轮拖带出海，运往天津。在胥各庄至芦台煤运河开挖同时，又在宁河县新河庄西草滩开挖了一条宽6丈、深1丈，长约40里的外运河，从大沽刘家庄连接蓟运河，与煤河间接相通，煤船不用出海，可从外运河抵达刘家庄卸煤，或供给大沽或从陆路转运天津。

按计划，需在煤河上修建十座桥梁，以利百姓通行。唐廷枢特意请李鸿章为之分别命名，曰：利涉、通津、济众、拱辰、咏唐、履泰、望丰、汇通、阜民、庆成。只是，这些桥名寓意太过阳春白雪，乡民难以熟记，人们还是以最简单的次序为之代称，比如"望丰"就叫"七道桥"云云。

煤运河通航对开平矿务局的发展作用显著，1882年8月至1887年5月，经煤河运至天津的煤炭约40万吨，占唐山矿产量的八成。开平煤进入津门，逐渐改变了洋煤垄断天津市场的局面，及至1885年开平煤完全占据天津市场，煤河居功至伟。

"煤河"以运煤而生，不能光为运煤而活。在唐廷枢的思维中自是三句

唐山1号矿井

不离本行，必然兼通"商路"。以是，如货物运输、客运往来，便随之带动起来。煤河两岸原本萧瑟的小山村，特别是胥各庄和阎庄，骤然近水楼台，渐成繁华圩镇。胥各庄是快车路终点，又是煤河起点，时人称"河头"，自然车水马龙。阎庄是煤河与蓟运河的交汇处，这里设立了船闸，这个被称为"芦台闸口"或"阎庄闸口"，成为客货商船往来的交汇地。船只等候通行，船员上岸消费，饭铺、烟馆以及"暗门子"（暗娼）等服务性设施应时而生，自然熙熙攘攘，兴旺程度不亚于一般县城，故有"一京二卫三闸口"之并称。《丰润县志》描述：煤河"东自胥各庄起，西至宁河县之芦台止，长约七十余里，宽十数丈。引芦河之水，随潮汐上下，设闸潴蓄，波平浪静。四时不涸，商艘客舰，樯密如林，来往洋轮疾于奔马。而起浚之处名曰'河头'，方圆数十亩，波水澄清，两岸洋楼、花坞，目不暇尝。稍西桥旁，列肆鳞比，人烟辏集，居然一水陆埠头也"[①]。

然而，河道每到冬季，有3个月的封冻期，春季容易遭遇山洪，河道因而淤塞，运输量小，限制了煤矿外运。从长计议，唐廷枢还是谋划以铁路替代"煤河"——"即须自筑铁路，方可大见利益"。将原本从矿场至胥各庄的快车路延伸至芦台，再修到天津，从而省去辗转运输的费用。

11月快车路修好。1887年，矿务局将快车路伸延至芦台，1888年又通到天津。快车路通天津，煤河运煤量逐渐减少。至1890年，每年仅有小煤商运煤5万吨左右，供煤河两岸附近一带村镇零售。不得不提的是，唐廷枢在章程中明确规定在车路两旁"种树，俾来往工人得以遮蔽"，这个总办很贴心！

明修栈道，暗度陈仓——刘邦攻打项羽的惊天计谋，居然由唐廷枢复活了。唐氏以吴淞铁路为鉴，灵活变通，以快车路为名，掩人耳目，实质上就是修筑铁路；他没有把铁路修到海边或天津，先修短程试探反应，等铁路的便捷性和公益性为公众接受以后，再拓展到港口或天津。这一短程铁路，从胥各庄到唐山矿场，简称为"唐胥铁路"。

---

① 牛昶煦等纂修：《丰润县志》，清光绪十七年修民国十年铅字重印本，1921年，第611—612页。

　　唐胥铁路的最大争议是选择轨距。是时，国际上有两种标准轨距：一是工厂和矿山采用马车牵引车辆使用的铁轨标准，宽度从1米到1.347米不等，有的还不到1米，统称为窄轨铁路。二是采用蒸汽机车牵引车辆使用的新式铁轨标准，轨距统一为1.435米，欧美各国新修或改造铁路，大多采用这一标准，统称为准轨铁路。唐廷枢和金达为轨距问题，有过激烈的争论。唐氏从节省成本考虑，主张采用窄轨。金达曾在日本修筑铁路，了解窄轨的弊端；强调准轨的承运量大，行车更为稳定，车速快，车辆安全，当然资金投入亦多，对筑路技术要求更为严格，对铁路和车辆设备的质量要求也更高。金达从长远角度考虑，认为唐胥铁路应按英国采用的标准轨距。唐氏最后同意选择准轨。唐廷枢敢于顶着风险、花费巨资修筑高标准铁路，这是何等的胆识与气量！而采纳金达的建议，可见其胸襟豁达，富有识人的眼光和用人的胸怀。

　　1881年5月，唐胥铁路开工。因开平镇地处偏远山区，人烟稀少，不像"吴淞铁路"会引发关注和争议，工程进展顺利。6月9日，唐胥铁路铺轨。唐廷枢邀请薄内的夫人参加开工仪式，敲下了第一颗道钉。在男尊女卑的传统社会，一位外国女士作为主要嘉宾，出席如是重要活动，这无疑是爆炸新闻，足见唐廷枢思想的开明。唐廷枢主持修筑的唐胥铁路，在中国近代史上意义非凡，这是由中国人修建的第一条铁路，是中国铁路的起点。同时展示了唐廷枢超凡的远见与过人的魄力。

　　铺下铁路，企盼火车。从海外购置火车头容易引起轰动，唐廷枢又来神笔，暗中"闭门造车，出门合辙"。他在胥各庄创办铁路修理厂"胥各庄修车厂"，①金达兼任工程师，在几乎一无所有的条件下，金达带着工人，从一台轻便型蒸汽提升机上拆下锅炉，用矿井架的槽钢制造底盘和车体，从废铁料中挑拣三对动轮，仅花费520墨西哥元，就制造出蒸汽机火车头。其间充满传奇故事，因不慎走漏风声，金达害怕被抓，慌忙停工几个星期避风，

---

① 1884年，开平矿务局将胥各庄修车厂搬迁到唐山矿场隔壁，占地40多亩，人员和设备都有增加，改名唐山修车厂。1889年，唐廷枢在唐山铁路站南购地300亩，扩建唐山修制厂，由金达担任工程师，从国外进口部件，组装火车机车。

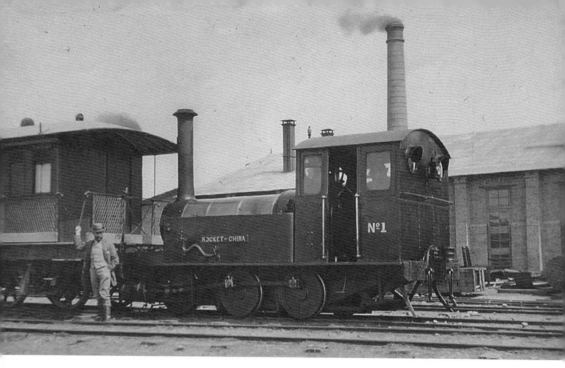

金达和中国"龙"号火车头

得李鸿章默许后，才继续偷偷赶工。火车头长5.7米，2根动轮轴，为2-4-0式，动轮直径762毫米，重约10吨，牵引力一百多吨，时速5公里。火车头被命名为Rocket of China，即"中国火箭"。矿工们不懂英文，看着火车拖着长长的车厢好像一条长龙，亲切地称为"龙"号火车头。金达觉得这个中文名字也不错，便在机车水柜两侧，用黄铜镌刻两条飞龙镶嵌于英文铭牌边上，妙哉，中西合璧！

11月8日，唐胥铁路完成矿场至王家河第一座铁路桥的建造，唐廷枢邀请当地官员乘火车前往铁桥庆祝。月底，唐胥铁路竣工，长9.7公里，路基宽15.23米，占地约260亩，轨距1.435米。铁轨从英国进口。计花时5个月，造价2.5万银两。

1882年2月26日，正月初九，仍值春节喜庆，唐廷枢批准矿局的矿工们乘坐火车，感受铁路的便捷与安适。4月，煤炭首次通过唐胥铁路，辗转将煤运往天津。随着煤矿产量增加，一个火车头已经不够用，唐廷枢又从英国购买了两台小型蒸汽机火车头，俗称"0"号火车头，这是我国现存最早的蒸汽机火车头。

　　1883年，矿局制造了一辆头等客车（时称"花车"），供官员乘坐，通过这一载体，宣传铁路运输的安全快速，消除对修筑铁路的阻力，赢来更多的认同与支持。

　　及至1886年，唐胥铁路已运行5年，无论直隶的官员，还是矿局员工、乡间百姓，对铁路经已习以为常，同时对煤河冬季封冻，煤炭不能外运的短板，也深有体会，唐廷枢原拟将唐胥铁路的延伸计划也水到渠成。是年8月，唐氏向李鸿章汇报，申请将唐胥铁路延伸到芦台；并提出"应将铁路公司与开平矿局分为两事，出入银款，各不相涉。"派金达亲自谒见李鸿章，面陈铁路延长路线之事宜。

　　11月11日，李鸿章致函主管北洋水师的醇亲王奕譞，游说铁路的重要性。醇亲王认同铁路有益国防，又不用朝廷出钱，即奏请皇上批准。

　　为了发展铁路，李鸿章同意唐廷枢矿路分家建议，拟将唐胥铁路和唐山修车厂从开平矿务局分出，成立开平铁路公司，独营铁路建设。奏派前福建布政使沈保靖（品莲）、署长芦盐运使、津海关道周馥（玉山）为开平铁路公司督办，伍廷芳任总办，吴南皋任副总办。招集2500股，每股100银两，共25万银两，由胥各庄往西续修45公里至芦台，起名唐芦铁路。为减少阻力，李鸿章以"铁路有裨军事"为由，奏请将铁路事务划归总理海军事务衙门管理。

　　海军衙门以巩固北洋海防、加强东北边防为名，于1887年3月奏请修筑芦台至大沽铁路。4月，开平铁路公司改组为中国铁路公司，添加资本1万股，每股100银两。因商股银仅募得108500两，李鸿章从天津海防支应局拨借160000两，又向怡和洋行借银637000两，向德国华泰银行借银439000余

唐胥铁路（1883年）

两，才凑足了资金。

次年4月，唐山至芦台的铁路铺到塘沽，10月塘沽至天津的津沽铁路竣工。至此，唐山至天津铁路全线贯通，全长130公里。10月9日，李鸿章乘专用花车亲临视察，对铁路、矿局均表满意，称道连连。1889年，为开采林西煤矿，铁路公司又修筑唐山到林西的铁路支线。该段线路由工程师喀克斯（A. Cox）主理，留美归来的詹天佑辅助，长24公里，次年12月31日通车。

两年多时间，百多公里铁路，对贫穷落后的国度来说，无疑是开天辟地、人间奇迹！路通财通，唐山遇上财路双通！

第三节

开发细绵土

今日的水泥，属舶来品，英文Cement，唐廷枢妙译为"细绵土"，时人还有西门土、水门汀、士敏土、泗门汀、赛门脱、塞门脱、塞门德、塞门土、红毛泥、英泥或洋灰等称谓。随着洋务运动的兴盛，机器局、军港、码头、船坞、矿务局等近代大型工程建设，对细绵土的需求日益增长，而中国尚未引进制造细绵土的机器和技术，全部依赖进口，20元一桶，价格昂贵。唐廷枢总办轮船招商局，对细绵土的亲近程度有似"一日不见如三秋"，对投资水泥行业，有情结，也有情节。

故事要回溯到1886年季冬。唐廷枢回唐家村省亲，途经澳门，访问老友余瑞云，一来二去，余氏聊起年初在澳门筹办英泥厂。谈者无意，听者有心，得知余氏集资十万银，聘英国人艾云斯（Creasy Ewens）为代办律师，在香山与澳门之间的青洲岛承租土地，年租1200两。5月11日，澳门总督汤马士（Thomas de Sousa Rosa）颁发建厂牌照，由艾云斯任总理、华人蔡青石（应森）任驻厂总办。引进法国设备，建有三条立窑生产线。由于青洲岛乃是香山和澳门争议之地，英泥厂由英国人代理经营，向葡萄牙政府申请执照，从这一意义上说，英泥厂不算中国厂家。时人梁乔汉咏诗：

> 青鳌山下四时烟，
> 灶火浓氛海面旋。
> 巧制利人丹臒胜，
> 红毛泥贩八方传。

青洲英泥厂的创举，燃起了唐廷枢的兴奋点。十年前，他在开平创办矿务局之初，已经触觉"唐山所产之灰石可做细绵土用"。为了探讨在北方开设细绵土厂的可行性，他一路追问，细心请教生产英泥的原料和方法，得知采用澳门本地河泥和英德灰石合炼，即亲自到厂家察看原材料，发现英德灰石不如唐山灰石，澳门河泥也不如香山里河之坦泥。随后，为了验证坦泥的质地，他致函居住在香山县城的招商局老同事陈树棠，请他送来里河坦泥，交英泥厂制作成锭块，测试拉力。经过测试，英德灰石与澳门河泥合炼者可受重300磅，而英德灰石与香山坦泥合炼者能受重360磅。唐氏又请矿务局寄来唐山灰石，与香山坦泥合炼成锭，拉试其力，竟有400磅之多。这样优质的结果，使唐氏欲在唐山开办细绵土厂有了底气。

1887年，唐廷枢再度返乡，途经澳门，了解英泥厂的发展情况，奈何该厂因资金不足暂告歇业。1888年秋间，唐廷枢得悉香港美商旗昌洋行参股接办，青洲英泥厂复工，便买了两桶运至唐山，亲自三次试验，其质量差强人意。又购买一桶送给天津军械局测试，还是未达预期。这更加坚定了唐廷枢开发细绵土的决心。

然而，开发细绵土非同小可！唐廷枢对灰土的试验慎之又慎。1888年7月，唐氏将唐山、英德两处灰石及澳门、香山两处泥土，寄到英国研炼，结果以唐山灰石和香山坦泥者为最佳，甚至不亚于英国卜伦（Portland）各厂所制。1889年6月，唐氏再将四种原料寄给英国施礼达化验，品质依然如旧。1889年7月，开平矿务局英国矿师金达请假回国，唐廷枢托其带上四样原料，第三次送施礼达试验，结论还是唐山灰石和香山坦泥的锭品最佳。先后三次试验，足见唐廷枢办事之严谨，体现了精益求精的工匠精神。

1889年，唐廷枢回唐家村省亲，专程拜访里河坦泥的田主。"田主闻系制造细绵土用，曾有附股之意，如与该田主合股兴办，则所需经费，即可出五成，亦不过二三万金，似尚易于筹措。"①唐廷枢和田主的合作有了眉目，细绵厂的设想也告"瓜熟蒂落"。他计划将合股创办细绵土一事禀报李鸿章。

李鸿章正在主持建设海军重镇北洋水师旅顺港，乃是加速唐廷枢开办细绵土厂的契机。由于港口建设需要大量进口细绵土，花费巨大。从深谋远略起见，李鸿章也在考虑筹划设厂自造，不仅节省开支，而且有利可牟。真是英雄所见略同。因消息不通，李氏也在未雨绸缪，他让金陵机器局会办徐建寅（仲虎）寄来无锡土样，让旅顺船坞工程局总办刘含芳（芗林）做试验，却不是制作细绵土的原料。北洋水师提督丁汝昌（雨亭）得悉"广东澳门用本地所产之土，设厂广做塞门土"，顺道带回两桶英泥试用，惊见与英国希敦牌的优质细绵土相差无几。1887年秋间，李鸿章派幕僚程左衡到澳门考察青洲英泥厂，报知"山南麓，英洋灰泥公司新建粉红色洋房二所，淡黄色窑房一所，黄黑色砖砌高方烟囱一座。山西及北，小屋数处，为工人居住。闻去年三月始向葡人承租，每年纳洋蚨一千五百元，约以五十年为期。居山总办灰泥者为蔡清石，澳门人。山东西各有一井汲淡水，供饮馔"。②程氏的汇报，给李鸿章以决心和信心——澳门商人自筹资金尚且成事，以自身的官

---

①　《唐廷枢呈李鸿章拟筹办唐山细棉土厂禀并批（光绪十五年十一月初五日）》，载《开滦煤矿档案史料集（1876—1912）》第1册，第253页。

②　《北洋大臣李鸿章为寄送幕客程佐衡巡澳说略事复总理衙门文勘地十说（光绪十三年九月初三日）附程佐衡〈勘地十说（光绪十三年八月）〉》，中国第一历史档案馆、澳门基金会、暨南大学古籍研究所合编：《明清时期澳门问题档案文献汇编》第3册，人民出版社，1999年，第337页。

商资源，舍我其谁？

心有灵犀，唐廷枢和李鸿章不谋而合。1889年11月24日（十一月初二日），李鸿章致函唐廷枢，请他有机会返乡，"将澳门现做塞门土厂工本、器料情形，访其底蕴，酌带塞门土样北来，交军械总局张道，再为试用，并询其厂价、运脚、保险之费"。①11月27日，唐廷枢即复函李鸿章，将澳门青洲英泥厂大略、本人十余年对细绵土的关注、几次试验结果、设厂生产的资金等一一作了汇报。"查细绵土一种，欧洲各国及美国向来皆有，现在日本亦晓制用，然均不如英国所制之佳。……是以职道于唐山拟造细绵土之心，搜求讨论，十载于兹，几经研试，确有把握，直至今秋，始无犹疑。第念建造厂地、购办机器及雇用洋匠等项，竭力撙节，总需银五六万两，当此开平矿务虽有起色，尚未大见盈余，似不得不格外谨慎，以防竭蹶。"②12月2日，李鸿章批复："此间官工需用此土颇多，各局当可凑搭股一二万两，即由该道迅速妥议章程，克期开办，以资应用。澳厂现已停工，香港接办之土，既于北地不宜，自可暂缓购办。至上年购存澳厂之土，仍由军械所张道试验能否合用，具复饬遵"。③得李鸿章批准，细绵土厂的开办，占尽天时地利人和。

唐廷枢建厂之心更切，立即将生产细绵土的概况和章程向李鸿章呈报。所禀报的《合资开办唐山制造细绵土厂工本需费章程》，凡十条：

第一条　唐山设厂，名为"唐山细绵土厂"。

第二条　办厂费用，由"军械所各局出资二万两，开平矿务局出资二万两，香山堂出资二万两，共银六万两，专为制造细绵土之用。其土制成，售出所得盈余，按各出资本核算分沾。如有亏本，亦按本分认"。

---

① 《李鸿章札饬开平矿务局督办唐廷枢访查洋灰原料文（光绪十五年十一月初二日）》，载《开滦煤矿档案史料集（1876—1912）》第1册，第251—252页。
② 《开平矿务局候补道唐廷枢禀北洋大臣（光绪十五年十一月初六日）》，载《李鸿章全集》第37册，第268—270页。
③ 《唐廷枢呈李鸿章筹办唐山细棉土厂禀并批（光绪十五年十一月初五日）》，载《开滦煤矿档案史料集（1876—1912）》第1册，第254页。

第三条 产量："每七日可造土两百吨"。

第四条 材料："所用之石，由本厂在唐山买地，雇人开采，或招人包办，均由总理随时体察情形定夺。所用之泥，由香山田主雇人挖取，造成砖式晒干，运至澳门堆存，候船装运。所用之焦炭，即由矿局拨取，可省另立炉灶。"

第五条 运泥："每年应用香山坦泥二千余吨，即由某堂雇船装赴天津转运。若值一时无船可雇，或水脚过昂，应由矿务局派船装煤赴香港，顺便至澳门，将泥带运北来，其船脚当从廉核算。"

第六条 厂务："由矿务局总办会同矿师委商办理，可毋庸另派人员，以节縻费。其应用细绵土化学师一名，炼土匠、工头一名，须从英国细绵土厂选雇来华，其余司事工匠，均归矿局总办，由矿务局选择拨用。"

第七条 薪酬："矿务局总办既受矿局薪水，某堂又系土厂合资之人，均不应支领薪水。其余司事、工匠、辛工，均按生意常规，从廉订给。"

第八条 销售："造成之土，应先尽军械所官用，提取其盈余，再行售民间销用。"

第九条 损耗："细绵土原属粗贱之料，惟制炼破费工夫，并易消磨机器，其成本除石、泥、焦炭、薪工核实报销外，应计周息一分，机器损耗一分。"

第十条 利润："除一切开销外，如有盈余，先提官利一分，机器伤耗一分，再按十股份派，八股归出资股东，两股酬劳各项办事之人。"

关于资金筹集。唐廷枢经已议定矿务局和香山田主各出两万，余下两万由军械所筹措，并须经李鸿章批准。12月10日（十一月十八日），李鸿章批复：军械所两万两，"应令海防支应局、淮军银钱所，各筹款一万两"。并明示，出品优先官用："该厂本为官工需土始行设立，且成本亦有官款在内，造成之土，自应先尽北洋官中买用，价值按民买九折算付，以昭公道，而伸报效"。

唐山细绵土厂，从1889年11月24日动议，到12月10日锤定，前后仅16

唐山细绵土厂（1899年拍）

天，速度之快、效率之高，几为罕见。一是说明建厂为当务之急成为共识，二是李鸿章识人、用人、雷厉风行，三是唐廷枢胆大心细，当仁不让。

　　1890年6月6日（四月十九日），唐廷枢上书李鸿章，禀报筹备唐山细绵土厂的进度："现查订购机器制造刻已将齐，约在秋初即能运到，所请洋人，业经抵沪，全国图式亦已寄来唐山；其应筑厂地、起盖机器房、洗石池、磨厂、炼土炉、晾土装土等机，需款甚巨，自应将三处合办资本提齐，以资赶办，俾无耽延。"①又陈明北洋官局的1万银两尚未拨到，请饬"克日发交职局"。6月12日，李鸿章批复："候饬海防支应局、行营银钱所，各将应找资本银各五千两，如数发给，仰即领回，妥速兴办，一俟机器运到，即行开厂制造，免旷时糜费"。②李氏前后三次函示，表明他对创办细绵土厂的高度关注。

---

① 《唐廷枢呈李鸿章唐山细棉土厂集股赶办情形禀并批（光绪十六年四月十九日）》，载《开滦煤矿档案史料集（1876—1912）》第1册，第256页。
② 《唐廷枢呈李鸿章唐山细棉土厂集股赶办情形禀并批（光绪十六年四月十九日）》，载《开滦煤矿档案史料集（1876—1912）》第1册，第256页

1890年，唐廷枢在唐山大城山南麓租地40亩，聘请英人芬奇（Roland Finch）担任技师，进口英国设备，建成中国自营的第一家细绵土厂。工厂用泥取自家乡香山县黄梁镇（今珠海斗门）。而"筑厂取泥、约束工人等各事宜，似须一熟悉地方之绅士妥为照料，以免滋生事端"。其时，唐廷枢胞弟廷庚正好因中法开战，商务中止回籍，赋闲在家多时。于是禀请李鸿章"赏给委札，就近照料"，并声明"毋庸支领薪水"。何为公正自守？此一桩是也。

1891年，唐山细绵土厂正式投产，出产了中国第一桶细绵土。

值得多书一笔的是，唐山细绵土厂的创建，唐廷枢一直是抱病主持的。工厂建成，病魔经已缠身，而矿务局的繁重事务，又压得透不过气来，对于细绵土厂务，难以亲力亲为，只能交付于同僚，因为是新生事物，管理和生产环节也难免出现弊端。《北华捷报和最高法院及领事公报》（*The North-China Herald and Supreme Court & Consular Gazette*）曾有报道："善良正直的唐景星遭遇不幸，疾病逐渐使他的眼睛昏花，精力减弱，唐山逐渐落入一群投机者的手中，这些人趁着唐景星的光芒日益削弱，试图搜刮一番，牟取自己的利益。"创业艰辛，守业更不易。唐廷枢创办了唐山细绵土厂，却无力主宰它的未来。他开先的事业，竟然成为某些捞家牟利的工具，教人唏嘘不已！

第四节

甲子庆寿辰

1892年，壬辰，唐廷枢六十岁，花甲之寿。

2月26日，农历正月二十八日，春节的气氛还未散去，乔家屯的喜庆又

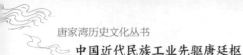

临门，矿局的员工们、四十八乡绅老、子弟，同送万民牌伞各件，恭颂唐廷枢德政，一时间热闹非常。这一天，徐润正好来唐山，唐廷枢向徐润谈及近日状况，"年余以来，昨夜为最适意，九点钟睡至六点钟，咳嗽、小便一概无之，早饭吃至两碗，实近来所难得。"

正月过后，大概3月至4月初，唐廷枢回上海，看望长兄廷桂一家，一直到4月底才返回天津。

5月16日，农历四月二十日，正是唐廷枢生日。驻天津的各国外交官和商人等，拟在租界工部局戈登堂为唐廷枢举办六十大寿庆祝活动，诚邀唐氏回津出席。唐廷枢觉得前无先例，况且在直隶总督李鸿章门下，有"功高盖主"之嫌——早三个月前，即2月3日（正月初五），李鸿章古稀大寿，曾假戈登堂宴请外国使节及各界宾客，便婉言道谢。15日，即生日前一天，唐廷枢带着七十多位亲人，避开天津，回到亲手创业的唐山。六十岁大寿这一天，唐廷枢选择与家人、徐润以及铁路公司副总办严信厚（筱舫）、直隶候补道赵宗鼎（嵩丞）等人，在家中办了一个平静而简单的聚餐。

次日，天津外国官商发来电报，邀请他回天津参加一场庆生活动，唐廷枢依然谦言婉拒。

为答谢直隶地方官员对矿局的支持。5月18日早上，唐廷枢从唐山赶回天津。中午，唐廷枢到浙江会馆，开设7席，宴请陕西督粮道松寿（鹤龄）等人。下午三点一刻，宴会开始，直隶总督李鸿章赶过来，亲自让酒。唐廷枢一时间，感奋不已。酒宴结束，唐廷枢又匆匆乘车回唐山，怕挡不住津门各种宴请。

鉴于唐氏坚辞不受，天津的外国官商诚意有加，求助李鸿章出面邀请。5月19日上午，李鸿章将自己的专用花车派去唐山，接唐廷枢回天津，准备为唐氏举办一次隆重的寿宴。火车上插着彩旗，载着唐廷枢及同僚，从唐山回天津。工程师金达等30多位外国友人和矿务局中国同事，以及地方绅老子弟等，在唐山车站举行热烈的欢迎仪式。车站挂满彩带，鸣炮致敬。欢迎的队伍，一直将唐廷枢送到天津家中。唐廷枢留下同行喝茶饮酒，庆祝一番，客人们尽兴后，慢慢散去。下午，唐廷枢又乘车回开平矿务总局，同事们在局门口设茶点酒水，按照西方惯例，宣读颂词三四次，再把唐廷枢迎进局内。

经一夜思虑，唐廷枢深感盛情难却。5月20日，他赶回天津，先在最著名的三聚园设彩觞（设宴并唱戏）17席，宴请好友。

5月21日，天津外国友人在英租界工部局办公地戈登堂给唐廷枢办了一场中西合璧的祝寿晚宴。70位中外来宾汇聚一堂，为唐廷枢祝寿。宴请的中国客人除了12位唐家人外，另有李鸿章的代表、小公子李经迈（季高），以及在天津的重要官员，如轮船招商局督办盛宣怀、津海关道李兴锐（勉林）、李鸿章翻译官罗丰禄（稷臣），以及轮船招商局天津分局商董黄建筅（花农）。

这一次，天津的外国官商主动在戈登堂给唐廷枢祝寿，乃是没有先例的特殊礼遇，足见唐廷枢在外国人心目中的影响力。这一年，戈登堂迎来了落成以来的两次盛大庆典。

外国友人按照中国习俗，精心布置寿堂：大门悬挂彩球，一路摆放鲜

唐廷枢（前中）、吴炽昌（左二）、徐润（右二）与矿局外国工程师合影

花；大厅装饰堂皇华丽，四周挂满了各国国旗，还有李鸿章送来的寿幛、屏幅，以及中外官员送给唐廷枢的寿屏寿幔，诸如"德隆望重""体国安民""远来近悦""利物济人""望重泰西""恩深北阙"等贺词。①大厅中央的桌子，摆设得雅致舒适，颇具艺术感，不拥挤，宾客都能轻松地走动。主办方还特意请来一支西洋乐队，全程演奏精彩的音乐，把寿宴程式烘托得温馨、浪漫、活跃。外国友人还轮番诵读英文颂词。

唐廷枢坐在宴会桌中央，右边是英国人、李鸿章的外交顾问宓吉（Alexander Michie），左边是津海关税务司德璀琳（Gustav Adolf Ferdinand Detring）。宓吉是操办寿宴的主礼人，也是宴会的主持。

宓吉在致辞中说，这是中国通商口岸首次由外国人为一位中国商人祝寿，这是以前从来没有过的事。言辞充满对唐廷枢的溢美，称赞唐廷枢在推动中国的轮船、采矿和铁路事业上，发挥了巨大的作用，是一位成功的先驱者。

唐廷枢对这次出乎意料的祝寿活动感慨良多，他发表一段令人十分感奋的演说，感谢大家对他的赞扬，透露了一些重要的生平细节，并对他所参与的事业作了一些清晰的描述。他的演讲得到中外宾客的热烈欢呼。

德璀琳紧接其后，赞美了唐廷枢的英雄气概、个人品格，以及他为这个国家所作的巨大贡献。

唐廷枢的侄儿、唐廷桂的长子唐荣俊（杰臣）发表讲话，表达了对叔父的支持，感谢东道主的精心准备和热情款待，然后读出一封来自海关总税务司赫德的贺信。

主持人随即举杯向唐景星先生的同僚、僚属祝福，称唐氏的成功有赖于他们的支持。由此引来盛宣怀对唐景星热烈赞赏（通过罗丰禄精彩演绎），称不管是招商局还是哪里的同僚，他们要做的事情就是跟着唐氏走。

铁路总工程师金达最后一个发言，简短而又精辟。他说所有成就都不是

---

① 《补录唐景星方伯祝嘏事并书其后》，《申报》1892年6月28日第6890号第1页。

他这个工程师的功劳，功劳全属唐廷枢。

　　考虑到唐廷枢的身体状况，宴会原计划安排从晚上七点到九点，但实际上到十一点才结束。唐廷枢言毕告退后，其他客人仍有意犹未尽的感觉。

　　6月7日，《申报》详细报道了唐廷枢寿庆的经过："粤东唐景星观察创办开平矿务，心精力果，藻密虑周，迄今成效昭然，为华人公司中首屈一指，中西人士同深钦佩。四月廿三日为观察揽揆良辰，官绅备礼祝嘏，泰西人士复于廿五日肆筵设席，公宴观察于租界之戈登堂。是日也，旌旆飞扬，簪裾荟萃，主宾酬酢，欢洽异常"。

　　唐廷枢的花甲之庆，中外人士接踵庆祝，寿宴几乎持续了一周，高潮迭起，隆重至极。这是对"先生之风，山高水长"最诚挚的敬仰！

【第七章】

慈善公益济忧患

唐廷枢是一位具有浓烈家国情怀和济世忧民意识的爱国者、企业家。他的家国情怀体现于创业建功，为中华民族企业、工商业争气；他的济世忧民意识体现于倾注心力扶贫济困、舒缓民生。

第一节

热心呼行善

唐廷枢参与慈善活动大抵是从上海开始的，此前尚未发现史料记载。经商期间，他先后兼任同仁辅元堂、普育堂、果育堂、清节堂、仁济堂、元济堂等慈善机构的董事或司事，积极参与赈灾济困等慈善活动。据唐家村老人回忆，唐廷枢曾出资在唐家村创办了一家学校和一间贫民诊所，为附近村民免费就医和适龄儿童就学。

唐廷枢到上海后，先是入同仁辅元堂，参与善事。1843年，上海梅益奎（再春）和海门施湘帆、慈溪韩再桥等人捐资创办了辅元堂，董事大多是船商和钱商，善举是赊棺和施药，为上海创办最早、规模最大的民间慈善组织。1846年购入上海"同仁堂"药房，更名同仁辅元堂，善举拓展至代客验尸、收买淫书、清除垃圾、渡船安全等。由于业务兼具市政功能，获得上海县嘉奖和资助，逐渐开办救生、路灯、修路、架桥、凿井等市政项目。同仁辅元堂将所获捐资购置地产，再以地产收入补充经费，成为近代上海拥有地产最多的慈善组织。关于唐氏何时投身同仁辅元堂活动仍需待考。其任职董事，则揭开了他服务社会的人生新篇。

1867年，唐廷枢和上海保婴会创始人余治（莲村）等同仁，遵照分巡苏松太兵备道应宝时（敏斋）的谕令，创办上海普育堂，收容流入上海的难民。这是由民间管理、官方支持的慈善机构，经费来自淮关库和厘捐总局的

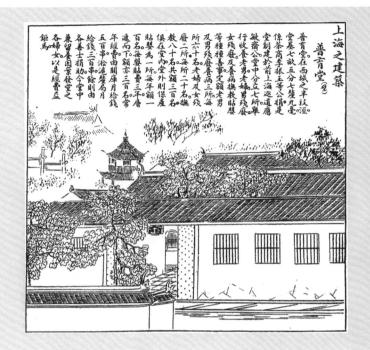

普育堂（载《图画日
报》1909年第80期）

拨款，兼有16家商铺的茶捐、丝捐，9家典当行的典捐、利息，以及官房租
和堂产租等。普育堂附设老民所、老妇所、男残废所、丐童所、抚教所、义
塾、惜字藏、内养病所、外养病所和药局等慈善机构，覆盖面广，堪称"综
合福利中心"。[①]1870年，《教会新报》有报道称："普育堂绅董吴炽昌、
唐廷枢、刘家驹、翟世红等举行施粥，于丝捐内提银，永远长施。"[②]这是
唐廷枢于公余参与普育堂活动的一则记录。

　　1870年至1880年间，唐廷枢担任上海果育堂董事。[③]果育堂从事接济寡
妇和老人的生活费，施医布药，发放棉衣，救助水难者和打捞尸体，经营义

①　［日］夫马进著，伍跃、杨文信、张学锋译：《中国善会善堂史研究》，商务印书馆，
　　2005年，第578—581页。
②　《上海中外绅商议捐施粥》，《上海新报》1870年3月19日。
③　《上海果育堂征信录（光绪八年）》，载夫马进著，伍跃、杨文信、张学锋译：《中国善
　　会善堂史研究》，商务印书馆，2005年，第609、662页。

冢，修路架桥等。1870年8月暑间，唐廷枢与吴宗瑛（紫石）、吴炽昌、刘子麟等广东同乡，依托苏松太道涂宗瀛（阆轩）在药王庙开设的施医局，"设法施送药票贫病者，给票取药"。①这年冬间，上海中外绅商在北门外新闸开设施粥厂，唐廷枢将上年施粥章程、捐项、用数，向参与施粥的中外人士报告，议定本年施粥人数为300人，历时4个月，每人每天餐费50文钱，每人一件衣服约800文钱，总计食物费用2000元，衣服费用250元。按计划，需要租界工部局捐1000两、外国各商捐1000两、中国绅商捐1500两。中国绅商负责劝捐款项，唐廷枢等商人劝捐并收到730两，不足部分由苏松太道涂宗瀛等官员劝捐完成。②

1871年，唐廷枢、朱其昂、刘光廉（吉六）、胡光墉（雪岩）、徐润等果育堂与辅元堂、全节堂的绅董，联名向上海知县禀请设立清节堂，每月抚恤30岁以前丧夫、孤苦无依的孀居寡妇，不论籍贯，皆赠口粮，即时抚恤180人。善堂义举反响热烈，宁波杨宝镰的母亲杨胡氏捐赠两千亩田地的佃租作为清节堂经费。还有典当行每月有捐赠，淞沪捐厘总局每月捐赠150000文，木业公所的从业者，按每年运入木材多寡之比例，向果育堂和清节堂捐赠。

1876年，江北大旱，江苏常州绅商李金镛（秋亭）得胡光墉、徐润和唐廷枢等人的捐助，邀请金福曾（苕人）、袁子鹏等10余人，奔赴灾区散赈济民，开启了东南义赈的先声。11月间，唐廷枢将自己募集的赈灾物资委托果育堂董事瞿世仁（绍衣）前往山东发放。③1877年，苏北水灾，唐廷枢和徐润以果育堂董事身份，代表该堂赴苏北淮安、徐州和山东救济难民。④从1876年底到1877年初，以唐廷枢为总办的轮船招商局成了上海倡导和办理义赈活动的中心。如果将果育堂和轮船招商局比作唐廷枢倡行义赈的两个互补

① 《上海施医局施药票》，载《上海新报》1870年7月12日第377号第2页。
② 《上海中外绅商议捐施粥》，载《上海新报》1870年12月15日第444号第2页。
③ 《论办赈不易》，载《申报》1876年12月19日。
④ 《果育堂劝捐山东赈荒启》，载《申报》1877年5月5日。

性的载体，那么，前者注力于劝募，后者则发挥现代运输优势迅速施赈。

1877—1878年，山西、陕西、河南、河北等地遭受严重旱灾，饥民超过千万，史称"丁戊奇荒"。据香港《循环日报》载：仅"山西亢旱成灾，至八十余州、县饥黎五六百万口，草根、树皮尽充枵腹"。1877年5月8日，唐廷枢领导的果育堂不仅最早派人前往山东救灾，还在《申报》连续发布募捐公启，开创了赈灾、救灾活动的新模式，标志着中国近代义赈组织的诞生。1878年，上海绅商经元善（莲珊）等及果育堂董事瞿世仁等创立上海公济同人会，劝捐赈济河南旱灾，由唐廷枢任董事的果育堂主持劝捐事宜。上海绅商积极响应赈灾，成立上海协赈公所，"先助豫灾，分济晋、陕、直隶"，由经元善"总司后路赈务"。协赈公所组织绅商前往各地劝捐募款，又召集绅商赶赴灾区，设立分所，从事散赈、保婴、收赎妓女等救济工作。

河南旱灾缓解，山西旱灾又起，1879年，上海协赈公所转移赈济山西。

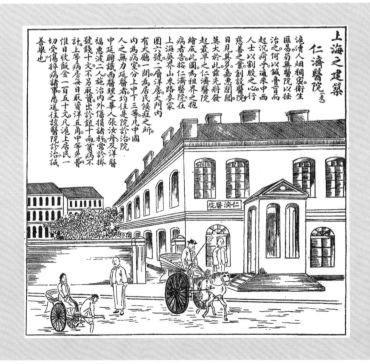

仁济医院（载《图画日报》1909年第63期）

秋间，山西得雨，灾情缓解，但直隶又遭水灾，上海协赈公所又筹赈直隶灾民。《申报》记载，1879年11月，协赈公所解往直隶、河南、陕西、山西四省灾区的赈款，计达银470763两。[①]

上海协赈公所除了自设赈捐代收处，又在果育堂、辅元堂、保婴局、保安堂设赈捐代收处，还在澳门、广州、福州、绍兴、安庆、湖州、香港、汉口、烟台、湖北、宁波、牛庄、汕头、松江、南京、嘉兴、钱塘、慈溪、九江、旧金山、横滨、长崎、台北和台南等地，依托当地的慈善机构，设立赈捐代收处。这个庞大的民间公益组织网络，以上海为中心，江浙为基础，辐射大半个中国内陆，并向中国港、澳、台地区和美国、日本及南洋扩展，把近代民间赈灾的社会公益活动推进到前所未有的规模。时任上海协赈公所董事唐廷桂、上海果育堂董事唐廷枢、广州果育堂董事唐廷庚皆积极响应，参与其事。[②]唐廷枢和徐润各捐500洋元，唐廷枢的未来亲家、驻旧金山领事陈树棠（芳南，其十二女适唐廷枢四子继星）捐1000洋元。[③]

上海协赈公所通过一系列赈灾慈善活动，带动了全国经济发达地区的慈善热潮，对近代慈善事业的普及和发展，产生了巨大的影响，慈善活动突破了传统的宗法、地缘、血缘的界限，调动了绅商阶层的参与热情，使赈灾慈善拥有广泛的社会基础，发挥了巨大的救济效应。

唐廷枢是仁济医院的董事。仁济医院是中国第二家、上海第一家西医医院，前身是1844年英国传教士雒魏林（William Lockhart，1811—1896年，前马礼逊教育协会会员）和麦都思（Walter Henry Medhurst，1796—1857年，前马礼逊教育协会会员）在上海县城大东门附近创办的"仁济医馆"，1847年迁到山东路。徐润《自叙年谱》载："上海医院，以山东路仁济医院开设最

---

① 《上海筹赈无己时说》，载《申报》1883年8月1日。
② 《上海详报晋赈捐数并经募善士禀》，载《申报》1881年6月8日。
③ 《津局晋赈收数疏（光绪四年二月十五日）》，载梁小进主编：《曾国荃集》（第1册），岳麓书社，2008年，第263页。又见《津局晋赈收数折（光绪四年二月十五日）》，载《李鸿章全集》第8册，安徽教育出版社，2008年，第13页。

早，设有中外董事，唐景星与余亦董事之一。"仁济医院的经济来源，少部分来自英国伦敦会的拨款，一部分来自英租界工部局的定期津贴，最大的部分来自民间和社会捐款。唐廷枢和徐润皆被荐举为董事，可以意料两人的捐款当不在少数，再者就是借用两人的社会声望和号召力为医院募款。

值得多书一笔的是，唐廷枢出自慈善之家。他的慈善基因缘自父母。父亲平生好善，乐为家乡、族人捐资捐物。母亲梁氏乐善好施，捐资购置义田，以接济孤寡残疾为常事。"丁戊奇荒"，梁氏捐助洋银2000元，合计银1340两，助直隶赈灾。照朝廷定章，凡捐赈银一千两以上者，可请旨建坊。1878年12月，李鸿章为此上奏，称赞"命妇唐梁氏救灾恤邻，深明大义，应请旨准其建坊，给予'乐善好施'字样，以示旌奖"。得军机大臣奉旨准许。①

长兄唐廷桂同样热衷社会公益事业。1869年，唐廷桂名列香港东华医院倡建值理。1872年上海广肇公所成立，他捐资购地，出任首董（主席），热心主持广肇公所活动。1877年，上海商民集资重建静安寺，唐廷枢和唐廷桂都有捐助。1883年，唐廷桂与浙江丝商施善昌（少钦）改组成立沪北仁济善堂，其事业规模跃至同仁辅元堂之上。

1884年，中法交战，唐廷桂和弟弟廷庚在上海购买军械捐助广西前线。彭玉麟奏折记述："前招商局候选道唐廷庚……候选道唐廷桂报效广西军火……该道报捐德国克鹿卜后膛炮6尊，炮子960颗；英国皮利后膛枪200枝，枪子10万颗；法国来福前膛枪1160枝，美国士兵令马枪500枝，四开金底铜帽100万颗。经西省委员赴沪，由海道运至东省。"②唐氏兄弟所捐军火，除了6尊德国铜炮因为太重，转运广西不便，遂留在广东，其余军械全部运至广西前线。

从1890年起，唐廷桂兼任两粤广仁善堂上海总理。晚年出任广益善堂董

---

① 李鸿章：《唐梁氏捐赈旌奖片（光绪四年十一月）》，载《李鸿章全集》第8册，安徽教育出版社，2008年，第254—255页。
② 彭玉麟：《会查两广总督参款折（光绪十年八月二十六日）》，载《彭玉麟集》第1册，岳麓书社，2008年，第375页。

事，未几接任首席董事之职，为救助贫黎披心沥血。唐廷桂去世后，长子荣俊接任了仁善堂首董之职。

　　唐家持续投身公益慈善事业，推动了中国慈善事业向近代转型。

第二节
广肇恤贫寒

　　上海广肇公所，是旅居上海的广州和肇庆两府绅商创办的民间组织，以维护客居上海的广肇同乡权益、救济异地的贫困同乡为宗旨。唐廷枢和唐廷桂是早期的创办人和领导者。

　　上海开埠后，各省绅商似潮水涌入，以广东人居多，当官、买办、经商、行艺、从军、从教、翻译，各行业都有。有人甚至携家带口，举家迁来，多聚居于虹口一带。早年，他们曾成立同乡组织"广安会馆"，馆址在半段泾河北岸（今蓬莱路）。1853年，小刀会起事，多为粤人，事发时大多潜伏在馆内。事败，"广安会馆"受牵连被充公。此后十多年，旅沪粤人一直致力于恢复同乡组织，但苦于寻觅登高一呼者。1867年，香山吉大人叶廷眷（顾之）署理上海知县，次年卸任；1872年再次署理上海知县，次年实授。千呼万唤，领军人出来了！

　　1872年，旅居上海的广肇籍官员及商人，如叶廷眷、麦加利银行香山籍买办韦文圃（华国，翠微人）、徐钰亭（荣村，北岭人）、潘爵臣（源昌）、唐廷枢、黄光国（亮甫）、吴宗瑛等人，在徐润的"宝源祥"号集议，购买位于上海县城北二摆渡公共租界宁波路的吴氏大宅（地基10亩），创设"广肇公所"。潘爵臣、叶廷眷和徐润各捐银千两，各人踊跃捐输，但只收到两万余金，短缺之数则向麦加利银行及源隆钱庄贷款。唐廷桂、徐润、韦文圃、周云甫、唐翘卿（国泰，唐家人）、唐瑞芝（高权，唐家人）等同乡还创办了三益会，筹资为广肇公所还款。①

广肇公所作为绅商的联谊组织，以维护同乡利益，协调同乡关系，处理同乡纠纷为宗旨。《广肇公所规条》称："公所遇有同乡系安分之人，被人欺侮，或被牵累，公同具禀保释等事，必须先约的实同乡店铺，写立保字，恐保出之人或犯事端，即为其保人是问，不得空言为凭。"

广肇公所成立后，得叶廷眷、江海关道冯焌光等粤籍地方官支持，唐廷枢、唐廷桂、徐润、郑观应等绅商捐助，公所一跃成为上海影响力最强的同乡组织。其致力于维护同乡的权益，一手"操办"上海罕见的"杨月楼案"，可谓一案著名。

杨月楼，江南怀宁人，少时拜京剧名家张二奎为师，唱腔清润嘹亮，武功卓绝。1872年5月间，他在上海金桂轩茶园演出，引起戏迷关注，遂声名鹊起。旋到著名的丹桂茶园演出，轰动一时。次年初，一位韦姓香山富商的妻子王氏，携带女儿阿宝往丹桂茶园看戏。阿宝情窦初开，萌生对杨月楼的爱慕之情，主动写情书，衷肠示意下嫁。杨氏贪慕韦家财富和阿宝美色，欣然同意，公开往来。于传统社会，伶人被视为毫无社会地位之末流，因此韦家坚决反对。但王氏宠爱女儿，与杨月楼约定"劫婚"——让乳母带着阿宝，携带金银珠宝，与杨月楼私奔。韦姓富商发现此事后，请广肇公所帮忙处理。公所向上海租界的会审公堂递交诉状，要求查办杨月楼。会审公堂认为诉讼未涉及外国人，把案件转给上海县衙门。县衙很快抓捕了杨月楼，且严刑逼供，让杨氏承认与阿宝通奸在先，"劫婚"在后。几天后，王氏与女儿主动投案，给杨月楼说情，承认她和丈夫同意了婚事。叶廷眷时任上海知县，为了维护广东人的荣誉和利益，不准翻供，判定杨月楼"杖八十，永世不得来上海"。"杨月楼案"后经不断演绎，成为清代"四大奇案"之一。弦外之音者，广肇公所之声

① 《上海广肇会馆序》，载彭泽益编：《中国工商行会史料集》下册，中华书局，1995年，第877—878页。

名更为"另类"传奇!

广肇公所附设有广肇山庄、广肇义学、广肇医院和广肇痘科分医院等社会公益机构，将散布在上海的同乡联系和组织起来，少有所教，病有所医，弱有所恃，贫有所济，死有所葬，有利于上海政府机构和上海租界机构进行社会治理的拓展和完善。公所还在汉口开设了分所，服务于客居两湖地区的广东同乡。

广肇山庄，由徐钰亭等人在上海新闸桥西南大王庙附近购买土地30多亩创建，以最低费用，或者免费，办理同乡的殓葬事宜；或暂时停放棺柩，待择吉日运回家乡安葬；无力葬事的贫困人家，由公所产业所获收益出资安葬。唐廷枢、潘爵臣和徐润等人又购入土地近百亩，建造敦梓堂和地藏殿等，以作丧事之辅助。1899年，广肇山庄一带被划入公共租界，旋改迁闸北叉袋角广肇里。

1885年夏，两广遭遇特大水灾，涝情甚重，灾区甚广。广肇公所闻讯，立即组织募捐。8月7日，唐廷桂、唐廷枢、徐润等公所董事，在《申报》刊登《劝募两粤水灾启》，为家乡募集赈灾资金和物品。唐廷桂、唐廷枢兄弟与高易洋行香山籍买办李秋坪（朝觐，茅湾人）联手，在四马路高易公馆设立"上海保险公司筹赈所"。①该筹赈所虽因两广水灾而生，

---

① 《劝募两粤水灾启》，载《申报》1885年8月7日。

广肇山庄（载《申江胜
景图》申报馆光绪十年
石印版）

但没有因此而停歇，其后继续赈济河南和江北等地灾民，成为上海颇具影响的
慈善机构之一。

为了扩大粤人在沪上的影响，粤商考虑应在舆论上有所作为。1874年
6月16日，唐廷枢与容闳、叶廷眷、郑观应、冯焌光、邝其照（蓉阶）等同
乡，创办了一份中文日报《汇报》（New Collector）。其初衷，乃上海的
中外文报纸大都由外国人主办，广东人难以在媒体上发声，而发行量最大的
《申报》，报道广东人事时有偏见，又无从发力以正视听。关于办报宗旨，

郑观应写得明确："以期改良社会之习惯，周悉外人之风尚，考较商业之良窳，增进国民之智慧。"①《申报》披露说：《汇报》发起人为容闳，唐廷枢乃主要捐资者。英国人葛理（Grey）为总主笔，黄子韩、贾季良为主笔。8月31日，更改由葛理主办，改名《彙报》，继而辞退原主笔管乐（才叔）为主笔。1875年，《彙报》与《申报》笔战不利，加之营业不佳，经清理账目，增加新股，于7月16日更名《益报》，改请朱逢甲（莲生）为主笔。12月4日，朱氏辞职，《益报》也随之停刊。报刊仅一年多即寿终正寝，结症因与《申报》风格类似，而《申报》经已创办两年有余，发行量和影响力占据了难以撼动的地位。

第三节
助学见殷勤

襄助办学，是为唐廷枢热心公益的要件。公务之余，他资助创办英华书馆，支持幼童留美事业，参与创办上海格致书院，以及为福州船政局学堂挑选学生等，为之乐此不疲。

英国传教士傅兰雅（John Fryer）于1865年上海创办英华书馆（Anglo-Chinese School），自任校长，用英语教课，讲授西方文化，以"适应商界子弟需要"。经费来自上海洋行的资助，赞助人有上海怡和洋行经理机昔、唐廷枢和旗昌洋行买办陈竹坪。

幼童留美，乃容闳首倡并促成朝廷官派之举，李鸿章誉之为"中华创始

---

① 郑观应：《创办上海汇报章程并序》，载夏东元编：《郑观应集》下册，上海人民出版社，1988年，第1173—1177页。

之举""古来未有之事",但是选派之初,传统家庭对送幼儿远渡重洋求学15年多存疑虑,都不加考虑。唐廷枢和容闳是马礼逊学校的同窗,唐氏以超前的眼光和积极的心态给予支持,于1875年送长子唐荣浩、长侄唐荣俊作为第四批幼童赴美留学。1881年留美幼童被撤回,唐廷枢执掌的开平矿务局又主动接收了梁普照、陆锡贵、陈荣贵、邝贤俦、邝景扬、吴仰曾、邝荣光等7人,让他们跟着美国化学师巴图勒学习冶炼, 开发矿产,使之成长为中国第一批矿冶工程师。1886年又送吴仰曾到英国皇家矿冶学校深造,1890年,吴氏毕业后,曾在墨西哥、瑞典、西班牙等国办理矿务,后返国,出任热河银矿总工程师。[①]唐国安是与唐家村相邻的鸡山村人,第二批留美幼童之一,1880年考入耶鲁,1881年回国后,先后在天津、上海、镇江等地谋职,1890年到开平矿务局任英文秘书,直至1899年任京奉铁路牛庄站总管。

　　对上海格致书院的创办,唐廷枢不仅热情参与,还出任董事。1874年3月24日,英国驻上海领事麦华陀(Sir Walter Henry Medhurst,麦都思儿子,父子同名)、英国律师担文和江南制造总局翻译傅兰雅等人倡议,设立一个读书会或读书室,"俾华人得以博览,翻译西书西报,议论新事"。未久,反响热烈,捐资的中国商人多了起来,便有扩建成书院的动议。书院英文起名"The Shanghai Polytechnic Institute and Reading Room",兼具教学、图书馆、博物馆、展览馆和出版印刷等多种功能。书院董事会由8人组成,中西人士各半,西人为麦华陀、旗昌洋行行主福弼士(Francis Blackwell Forbes)、英国传教士伟烈亚力(Alexander Wylie)、傅兰雅,华人为唐廷枢、徐寿(雪村)、王荣和(锦堂)、华蘅芳(若汀);后为徐建寅、李凤苞(丹崖)、徐华封(祝三)、张焕纶(经甫)、王韬(兰卿)、赵元益(静涵)、李平书(瑟斋)、黄春甫(黄锦)等。[②]麦华陀负责向外国人筹款,唐廷枢承担中方募捐和管理捐银簿,为书院的筹建竭力

①　井振武编著:《留美幼童与天津》,天津人民出版社,2016年,第250—251页。
②　《论格致书院落成事》,载《申报》1875年10月5日第1016号第1页。

奔忙。①北洋大臣李鸿章捐1087两、两江总督李宗羲（雨亭）捐1000两，其余官员如署天津关道孙士达、天津分巡道丁寿昌、前上海道沈秉成（仲复）、上海道冯焌光、九江关道沈保靖、上海制造局总办郑藻如等南北洋重要官员，皆有捐资。李鸿章题写了"格致书院"匾额。英国驻华公使威妥玛（Thomas Francis Wade）捐资100两，怡和洋行、汇丰银行、仁记洋行、公平洋行、老沙逊洋行、旗昌洋行各捐50两，法兰西银行捐50洋元，太古洋行捐25两。中外人士共捐资近7000银两和1000多洋元，华人官绅捐资占五分之四。

格致书院1875年建成，1876年6月20日正式开放，200多中外人士出席开幕式，轰动一时。格致书院内设格致堂、藏书楼和博物房。唐廷枢、徐润、盛宣怀、郑观应、唐翘卿、唐廷桂、韦文圃、唐秉彝等34人每人每年捐资六洋元，用于日常开支。书院附设的博物房是中国第一家免费开放的博物馆，藏书楼也是上海最早的公共图书馆。是年，傅兰雅和徐寿依托格致书院，创办中国第一份科普杂志《格致汇编》，以通俗的语言普及科技知识，深受读者欢迎，是当时中国最为畅销、最具影响的杂志之一。

1875年，苏松太道冯焌光在上海设立洋务局，委任褚兰生（心斋）为总办，以"办事认真，不辞劳苦，洋务最为历练，悉协机宜，堪以会办"为由，委派唐廷枢和徐润为会办。1876年2月，福州将军文煜（星岩）和福建巡抚丁日昌饬令唐廷枢"前往香港英国学堂挑选学业可造之学生四十名"，进入福州船政局附设的船政学堂学习天文、算学和驾驶等。唐廷枢即与马礼逊学校同学黄胜联手，在香港为福州船政局挑选幼童前往船政攻习轮船驾驶。因唐廷枢操办得力，任务圆满，文煜和丁日昌于1879年上奏朝廷，拟将唐廷枢留闽任用。"闽省洋务需人，请调办理上海招商局候选道唐廷枢、副将王荣和来闽襄办等语，即著李鸿章、沈葆桢等饬令唐等迅速赴闽。"旋因李鸿章不同意放人未果。

---

① 王尔敏：《上海格致书院志略》，香港中文大学出版社，1980年，第18—20页。

第四节

公园争国格

上海开埠后，工部局陆续在租界内修建了一些西式的配套设施，如水厂、路灯、花基，还有花园等。1868年，该局利用中西商人的税捐，建造了一座"公家花园"。花园建成，租界当局以活动场地狭小为借口，只允许外国人入园游览休闲，"公家"成了挂羊头卖狗肉的标签。

其实，拒绝华人进入公园，法国公董局修建的顾家宅公园（俗称法国公园），是为始作俑者。该公园章程的第一条就标明不许华人入内，第二条不许狗入园，除非有人牵引和戴上口罩。这两条条款，被简化为"华人与狗不得入内"。在中国的国土上，不许华人进入公园，这种歧视性的条款，无疑激起了中国人的义愤。

1881年，唐廷桂和颜永京（拥经）等欲进公园参观，遭拒绝，几经交涉，仍无结果。1885年11月，唐廷枢和唐廷桂兄弟，联合绅商颜永京、陈咏南、吴虹玉、谭同兴（干臣）、李秋坪、陈辉庭等人，致函工部局，要求解除公园对华人的禁令，取消不平等待遇，准许华人进入公家花园游览。并提出可供选择的具体实施办法，如：由工部局给租界内有名望的华人派发游园证；园票交由华人组织派发；每周指定两三天为华人持证游园期；增加公园建设，准许中外人士自由入园等。

及至次年5月，工部局采纳了发放入园证的建议，华人始可游园。岂料麻烦接踵而来——华人入园，有人随意采摘花朵，又引发了外国游客的不满。《申报》接二连三地报道华人在园内摘花的例子，反过来也证明西人的担心并非无因。工部局对此十分头痛，旋又恢复不准华人入园。

　　唐廷枢因主持开平矿务局事务，于1889年前往天津定居。公园抗争事宜，由唐廷桂和吴虹玉等人接力向英国领事交涉，工部局勉强发派入园凭证，虽然不收费，但是每证限用一个星期，而且数量极少，依然难以满足华人入园问题。

　　抗争仍在继续。

　　工部局为了缓解中外人士在公园权益的矛盾冲突，于1890年在苏州河滨建了一个新公园，命名为"华人公园"，面积不大，设施也差了很多，应付而已，远不能满足市民的需求。

　　值得称颂的是，唐廷枢兄弟持续十年为争取华人入园权利的抗争，实质上是反对种族歧视的战斗，是争取华民国格的奋斗，他们所表现的民族精神与不屈气概令人肃然起敬，青史永存！

微信扫码，听一听
★唐廷枢先生人生故事
读者更可扫码加入本书专配交流群

木秀于林天地间

六十岁寿宴，仿佛是唐廷枢人生谢幕前天赐的辉煌。他挺住羸弱的身躯，接续出席庆祝活动，体力和精力耗费极大。寿宴不久，病情未见起色，反而渐次加重。

第一节
巨星殒津门

1892年10月7日（八月十七日），唐廷枢于冥冥之中，意识到生命已经临近仙境。

上午，开平矿务局同事十多人赶来天津探望，唐廷枢只能躺着做拱手礼，将历年账目全部交付，然后请矿务局会办张翼（燕谋）进房。

唐廷枢说："我死后，局务惟君主之，君之来，实天赐也。惟局中诸同事，大半由生手而至熟手，辛苦备尝，异日如有更调，务须随时斟酌。我虽经营数十年，家无长物，后裔年幼无能，一切尚祈照拂。"

张翼听此托付，自然十分心酸，泪目答道："诸请放心，自当率循旧章，以无负君之谆托。"说完，退出房间。

家人入房，唐廷枢将家庭事务逐一吩咐。话毕，叫人为之剃头、沐浴，将他抬至大厅，穿上官服，戴上朝冠。

下午一点钟，唐廷枢将公司和家属事务全部嘱托，自己也整装妥帖，一切就绪，无可留恋。忽地，长叹一声，吐出最后一口气，溘然长逝，享年60岁。

张翼赶紧撰写禀稿，向李鸿章汇报。盛宣怀闻讯赶来，未能见最后一面，抱头痛哭半个小时之久。两人相交20多载，为轮船招商局事务虽时有龃龉不合，但"是英雄惜英雄"，对于唐氏的辞世，盛氏非常感伤。①事后还奏请朝廷抚恤唐家亲眷。

10月17日，徐润从建平金矿赶回天津，吊唁多年相知相交的挚友。

10月26日，唐家在天津寓所开吊。友人请来和尚和道士做法。上午10点，李鸿章亲自主持题主仪礼。天津文武官员一大早就来唐家守候，陪同题主的有：长芦盐运使、津海关道、新老天河兵备道等重要官员。李鸿章题主时，规模非常体面，鸣枪放炮不断，排场极为壮观。李鸿章深谙北方表礼厚重，一顿饭要花费千金以上，他的随同官员众多，对唐家恐是一笔大开支。他体恤唐廷枢平时清贫，即提前告知唐家不用安排用餐。吊礼结束，李鸿章带着随员辞别返程，随同的大小官员及天津文武各员，也随之辞散。②

接着，开平矿务局同事、乡绅父老、天津外国友人，纷至吊唁。代理矿务总办张翼，安排矿局放假五天，员工往返天津免费，以便前往祭拜。矿局同僚统一手捧一束"生刍"（鲜草。《诗经》有云："生刍一束，其人如玉"。以生刍致祭，即赞美死者之德行），行礼鞠躬，不用贵重之物或赙金，也无太多繁文缛节。③热河建平金矿乃为唐廷枢和徐润奉李鸿章之命所开办，因路程太远，局中管理人员和工匠等不克前来祭奠，就请一位喇嘛诵经三日，以尽哀思。④

10月31日，唐廷枢灵柩离津南返。张翼再令停工两天，以火车运载300多员工往天津送行。唐廷枢的棺椁覆盖着大红缎，中间贯以独龙杠，抬棺者有数十人之多。送行的队伍，排列着旗、锣、伞、扇、幢、旛、真亭、主亭、香亭、炉亭、诰命亭，以及20多柄万民伞、德政牌。

灵柩从天津开平矿务局大楼发引，过桥，经津海关道署附近进入英租界。送行队伍走到李鸿章开设的医院前，有外国官商50多人加入，随后入列

---

① 《出殡志盛》，载《申报》1892年11月3日第7018号第2页。
② 袁祖志：《书唐景星观察事》，载《字林沪报》1892年11月5日第22版。人死后，立一木牌即日后之神主牌，上书死者衔名"某某某之神王"。出殡前请有名望者用朱笔在"王"字上加点，成"主"字，谓之"题主"。
③ 《津桥秋眺》，载《申报》1892年11月2日第7017号第2页。
④ 《出殡志盛》，载《申报》1892年11月3日第7018号第2页。

天津梅多斯路（Meadows-road）——开平矿务局天津局址所在地

的外国人多达千余人，还有西乐队，一时间中西丧乐合奏，场面别具特色。送殡队伍浩浩荡荡，一直将唐廷枢灵柩送上招商局"新丰"号轮船。

 灵柩抵达码头，这里摆设了十多对德政牌，万民伞七八柄。"新丰"号船长是外国人，就按西方习俗，将一束用青柏扎成的花圈，放在唐廷枢灵前。按计划，唐廷枢灵柩将随着"新丰"号南下，途经上海停歇，再择吉日继续南行，直至送回唐家村。①

 上海知县黄爱棠（嘉玉）早就电报得知唐氏灵柩停沪，已派下属差役在小东门外金利源码头搭好素色棚子、东西辕门搭设吹鼓亭，并与法租界官员、巡捕等商量在码头和沿途照料事宜。②

 11月4日10点半，"新丰"号靠拢上海码头，唐氏灵柩即将上岸。唐廷

---

① 《出殡志盛》，载《申报》1892年11月3日第7018号第2页。又见：《析津杂志》，载《申报》1892年11月12日第7027号第2页。
② 《灵輀南下》，载《申报》1892年11月4日第7019号第3页。

枢在上海的亲戚、旧友、当地官员及轮船招商局人员，乘着素色的车或白色的马纷纷赶往码头迎棺。巡捕房捕头谢尔诺等人，亲自组织中西巡捕、通班、包探、线勇，统一服装，悬挂佩刀，前来照料。港口和码头附近的中外船只，特别是轮船招商局船只，全部降半旗致哀。

"新丰"号临近码头时，中外兵船纷纷鸣炮三声致敬。轮船靠岸，码头左右吹鼓亭响起哀乐，炮手纷纷燃炮，一时间炮声隆隆，江海为之震荡，亲友列队上船祭奠。"新丰"号上的水手、小工等几十人，将唐廷枢灵柩抬上码头，沿码头绕行一周，停在招商局门前，文武官员设台祭拜，然后起行前往广肇山庄。

送行队伍前面是文武开路神、冲风弯号、买路飞钱、扛锭，随后是蠹灯、清道旗、金鼓、肃静回避，接着是前来送行文武官员的职衔、品级和功名，如："晋赠荣禄大夫""奉旨建坊""二品顶戴""内阁中书""壬辰进士""壬子举人""丁酉举人""庚子举人""戊子举人""壬戌武魁""甲辰举人""署理长芦批验所大使""诰授资政大夫""福建补用道""南安府水利分府""长芦镇场正堂""赏戴花翎""署理九江府江防分府"，以及皇帝赏赐"乐善好施"的牌匾等，此后是马吹手、马军健、遮头伞、马剑班、香亭，往后是诸将统领下的江南提标水师右营兵弁、苏松太兵备道亲兵、洋枪队、大旗队，之后是红黑高帽、金瓜、銮驾、顶马、龙章、宠锡等牌，以及黄扇、黄伞、诰命亭、飞虎旗、腰炉、铭旌亭，随之是一班鼓乐手，燃着檀香的香亭、摆满猪羊和蔬菜的祭菜亭、插着各种鲜花的花亭、堂灯、像亭，一个笙箫檀板的清音班，后续是扛着长幡的黑衣羽士、擎逍遥伞者，24名西乐手，殿后的是大幡、魂轿、抬鼓，八拍吹合、冲天棍、功布、日月亚牌、由天津带来的26件万民伞，以及"钦加知府衔""即选清军府"等衔牌，六个德政牌，上面写着："恩深如海""德重如山""恩同雨露""惠泽同沾""茂育为怀""德隆望重"，还有开平矿务局同僚赠送的"名登仙籍"挽额。唐廷枢亲属身穿白色衣服，一路哀号。官员和戚友执绋相送者，或坐轿子，或坐马车，数以百计，络绎不绝。

唐廷枢灵柩从码头送到广肇山庄，盛大的仪式吸引沿途几千人围观。由于人数太多，以致工部局不得不加派警察维持秩序，疏通道路。

11月13—14日，唐廷枢家人安排在广肇山庄开吊，上海的道台、将军、知县等各级官员，英法租界的中外官员、商人，纷纷前往祭奠。素车白马，接连不断。

11月15日下午两点，唐廷枢灵柩从广肇山庄出发，经过英租界大马路、法租界公馆马路，抵达招商局金利源码头，被送上"富顺"号轮船，准备运回唐家村安葬。

唐廷枢遗像

送丧排场跟迎柩一样，还增加了上海军营的亲兵、洋枪队右营大旗队，西乐队一路演奏。北洋水师"海琛"等兵舰的水师队，按照西方习俗，倒执洋枪，沿途护送。送行队伍中还有和尚和道士、16位尼姑，以及开平矿务局员工所献的万民伞24顶，顶马、铭旌、幡幢24对，娶牌、掌扇等。盛大的丧仪，又吸引了大批围观的人群，一度完全堵塞了外滩，工部局再次增派警察疏通秩序。[①]

11月19日，"富顺"号载着唐廷枢的灵柩和亲友抵达香港，舶港的中国轮船，一律降半旗志哀。英国太古、怡和两轮船公司的商船，均鸣长笛三声，以示最后告别。[②]随后，唐氏棺椁换乘小轮船，运回唐家。[③]

庞大的送殡船队在唐家村前环海一字排开，整个海岸灯火通明。唐廷枢

① 《举丧志盛》，载《申报》1892年11月16日第7031号第3页。

② 唐有淦：《从洋行买办到民族资本家》，珠海市政协文史资料委员会，1995年，第94—95页。

③ 《东粤记言》，载《申报》1892年12月1日第7046号第2页。

魂归故里途中，有13个国家的商务专员搭乘专船，护送至唐家村致敬后才离去。

　　唐廷枢家人在唐家村龙岗古庙西侧搭架了三间大棚作为灵堂，请来僧人和尼姑念经超度，参与丧事者千余人。唐廷枢灵柩安葬在吉大村一山上。一代巨人，落叶归根。[①]

第二节

政声人去后

　　唐廷枢辞世后，张翼即拟就消息禀报李鸿章，言简意赅概述唐氏的事功、精神及积劳病逝的过程：“唐道廷枢，仰蒙中堂知遇之恩，轮船招商、电报、保险等事，殚竭心力，备著勤劳；嗣奉专办开平矿局，事属创举，筹划更烦，十有余年，卒收成效。近年以来，扩充愈广，施措愈难，实缘市面既今昔不同，年力亦壮衰迥判，积劳成疾，隐痛日深。自去年春间，由粤东开办码头回归，病已加剧，犹得时患时愈，旁观者皆代抱隐忧。迄至今夏，依然力疾从公，不遑朝夕，其因公劳瘁之忱，早邀宪厪。前于七月初间，由局来津，病势纠缠，倍于往昔，延医调理，总未减轻。职道奉委到局，该道于卧病间，与职道统筹局务，反复酌商，如何开南省之销路，如何节息款之吃亏，以及加造轮船，疏通转运，谓非如此，不足以副中堂之维持，更非如此，不能以保矿局之根本。娓娓长言，喘息为之几歇，职道见其虽辗转床褥，而整顿擘画之心，仍未一刻暂忘，因力劝其静心调养，不宜重劳心血。

[①] 唐有淦：《“洋务运动”时期的实业家唐廷枢》，载《唐家村村史》，唐家镇人民政府编，1989年，第86页。

每谈及中堂关垂之切，该道无不感激涕零，惟日盼就痊，俾得仰报高深于万一。无如该道真元久伤，实非药饵所能挽救，延至八月十七日午刻，竟溘然长逝。"①

李鸿章对于唐廷枢仙逝，恸惜不已。在张翼的禀报上批示："唐道廷枢历办轮船招商、保险各局，筹划精详，嗣后创办开平等处矿务，力图扩充，事极繁难，百折不回，忠信正直，实为中国商务难得之才。遽因积劳病故，深堪悼惜！"②唐廷枢开吊时，他手书挽联吊唁，亲自题主。并批准家属继续领取唐氏任开平矿务局总办的薪水，每月三百两白银；又命轮船招商局和铁路公司各发抚恤金一万五千两和一万两，③作为特别抚恤。

情同手足的徐润赞称唐廷枢："景公诚人杰乎哉！高山仰止，景行行止之心，窃向往焉。"④他致李鸿章的禀稿写道："至于唐故道廷枢，远虑深谋，筹划无遗，才具胜职道十倍。生平创办招商局，开平、林西、贵池等煤矿，承平银矿、建平金矿，核其功绩，天下闻之！他日自有公论，此时无待赘陈。"⑤

郑观应对唐廷枢离世悲伤至极。唐郑两家姻亲，唐氏次子凤兴娶郑氏堂妹为妻。唐廷枢对小10岁的同乡郑观应提携有加，对郑氏入宝顺洋行作买办、在商界的发展、供职轮船招商局，特别是出任开平矿务局粤局总办作了鼎力的支持。1890年唐廷枢、唐廷庚兄弟邀郑观应等人集资修建广州轮船码头，随后又一起经营造纸厂。唐廷枢去世后，郑观应致函盛宣怀，直言："盖此公一生经历消磨于商务、洋务之中，数十年来备尝艰辛，凡事不因仇怨，顾全大局，力图整顿，洵为吾粤中办洋务之特出者。弟与之谊属至亲，诸多叨爱，相依最久，亦相知最深。见其身前一切多为亲友所累，外强中干，有名无实，其身后谅可想见。阁下情殷念旧，当亦为之感慨也。伏忆

① 《禀批照录》，载《申报》1892年11月3日第7018号第2—3页。
② 《禀批照录》，载《申报》1892年11月3日第7018号第2—3页。
③ *The London and China telegraph, December 5*, 1895.
④ 刘志强，赵凤莲编著：《徐润年谱长编》，北京师范大学出版社，2011年，第398页。
⑤ 徐润撰，梁文生校注：《徐愚斋自叙年谱》，江西人民出版社，2012年，第109页。

天津英租界工部局大楼（戈登堂）

景翁前在上海与公等创办招商局务，颇费心力，同事有年，故人情重，无待鄙言赘及矣。今闻其景况如此，想我公维持大局，顾虑周详，必有以使前人感激而后人勉励也。"①郑观应还赋诗《挽唐景星观察》："绝人才识济时心，新法旁参用意深。万里风云腾骥足，一时声誉满鸡林。闽疆独挫天骄气，象译全通海国音。商务肇兴功不泯，凄凉身后费沉吟。"1909年（宣统元年），将"商务肇兴功不泯"改为"矿务轮船功不泯"，突出唐廷枢对矿务局和轮船招商局的建树。郑氏特意把矿务局放在招商局之前，或有两种理解，一是将唐氏生平倒置，但工整了诗词格律的要求。二是肯定矿务局为唐公手创，并在任上鞠躬尽瘁，功德令人仰止。

　　曾跟随唐廷枢到欧美考察的袁祖志，是袁枚之孙。他专撰《书唐景星观察事》刊于11月5日《字林沪报》，盛赞唐廷枢的事功和人格与众不同："观察虽不以科第进，而能识大体，其与泰西之人交接往来，总以忠信为准绳，故西人亦深信服之；而凡事又能持重，不使我中国贻讥贻笑于西人，此又凡办洋务者，所不能及。宜乎此时，傅相深叹惜之，盖深知其为中国商务难得之才，亦即为中国洋务难得之才。试问庸庸碌碌者流几何，不于交涉

① 夏东元：《郑观应传》，华东师范大学出版社，1985年，第284页。

159

一道损失国体者？其三年保奖，随案列名等辈，皆观察所不齿者也。"①指出："今者人之云亡，邦国殄瘁，而其功行，实有不可磨灭者，尚冀我傅相入告我后，或可邀夫旷典，亦借以策励。夫今之办洋务、矿务者，俾知必如观察之存心行事，始可称忠君爱国，而不愧于生前，更无惭于死后焉。"②景仰之言，感人肺腑。

还有沈毓桂（寿康）撰写《唐景星观察传》刊登在1892年12月《万国公报》。蔡尔康撰写《福建候补道唐公像赞》刊于1893年2月《万国公报》。

除了文字的悼念，还有文物的纪念。

因唐廷枢六十寿诞在戈登堂举办，天津的外国友人将戈登堂楼顶测量天气的仪器取名"唐景星"，以示怀念。

1898年6月，直隶总督王文韶（夔石）奏请在唐山建立专祠祭祀唐廷枢，建设费用从开平矿务局的盈余中拨出两万两白银，维护费由直隶总督捐助。③

1899年，轮船招商局督办盛宣怀上奏《谨拟商务事宜详细开具清单恭呈御览》，提议在上海设立"商务表忠祠"，祭祀唐廷枢。奏曰：

> 各省自设公司以来，只有二品衔福建候补道唐廷枢独立创办开平煤矿，力任艰巨，百折不回，以底于成。其于轮船招商局召集商股，充当总董将及十年，尤为任劳任怨、创始第一得力之人。……唐廷枢、李金镛二员，皆因心力交瘁，死于矿所。其生平经手数百万之重资，身后萧然，子孙绝无丝毫遗产，尤为商务者所难能。合无仰恳天恩，特旨优加褒恤，并准在上海地方，由众商自行捐资建立商务表忠祠，将唐廷枢、李金镛二故员，首先入祀，以昭激劝而励人心。④

---

① 袁祖志：《书唐景星观察事》，载《字林沪报》1892年11月5日第2版。
② 袁祖志：《书唐景星观察事》，载《字林沪报》1892年11月5日第2版。
③ *The North China Herald and Supreme Court & Consular Gazette*, June 13, 1898, page 1007.
④ 盛宣怀：《愚斋存稿》，载《清代诗文集汇编》第754册，上海古籍出版社，2010年，第128页。

怡和洋行于唐廷枢去世后，将津沪航线一艘轮船改名"景星"号，以示纪念。大约20世纪20年代，"景星"号轮归入海军测量舰队。1948年，轮船招商局将一艘新购置的轮船，取名"廷枢"，以示不忘先驱者的功绩。

中外媒体对唐廷枢的悼念，盛况空前。景仰之誉，史无前例。

10月8日，上海英文《字林西报》刊登"*Death of Mr. Tong King-sing*"，率先报道唐景星去世及生平事迹，指出唐廷枢一直是在中国的西方人的朋友，许多外国人都跟他关系密切。他的死对中国人和外国人来说，都是一个永久的损失。同一天，《申报》刊登《观察逝世》，及时报道了唐氏去世的消息及悼念之意："昨日沪上接到天津电信，知唐景星观察于十七日午时因病逝世，闻者无不惋惜云"。

10月11日，香港《士蔑报》（*The Hong Kong Telegraph*）刊发《中国商业先驱去世》，阐明唐廷枢逝世将引起中外人士的广泛遗憾，称誉唐廷枢"纯正品质，严格的正直和非凡的精力、能力和机敏使自己广为人知，并得到所有认识他的人的尊重"。[1]

10月14日，《字林西报》赞扬唐廷枢为中国民族工商业作出了巨大贡献，他的一生标志着中国历史上的一个时代；他的死对外国人和对中国人来说，都是一个持久的损失，要找一个人来填补他的位置都是困难的。[2]

10月15日，英国一家矿务、铁路及商务专刊，称誉唐廷枢为"中国铁路之先驱。其生平无须立碑纪念，盖其劳绩尤以铁路为甚，始终与唐景星一名相随"，"他的付出比任何同胞都多。他的敏锐过人，精力充沛，见识远大，中外人士均深表怀念"。

10月20日，《申报》发讯，对唐廷枢的去世，李鸿章极为惋惜，招商局和矿务局准备给予其后人万元赙金。[3]

---

[1] Death of a Chinese Pioneer of Commerce: Mr. Tong King Sing passes away at Tientsin. *The Hong Kong Telegraph*, October 11, 18922, image 2.

[2] *The North China Herald and Supreme Court & Consular Gazette*, October 14, 1892, page 568.

[3] 《天津人语》，载《申报》1892年10月20日第7004号第2页。

11月2日，《申报》记述唐廷枢去世后，开平矿务局同仁祭拜情形。①

11月3日，《申报》报道李鸿章等给唐廷枢牌位题主，以及天津中外人士祭拜和送殡来沪情状。②

11月4日，《申报》刊载上海准备迎接唐廷枢灵柩实况。③

11月5日，《申报》报道唐廷枢灵柩到上海，各界迎接的盛况。④同日，《字林沪报》刊登袁祖志撰《书唐景星观察事》。⑤

11月11日，《万国公报》刊登主笔沈毓桂撰《唐景星观察传》，称赞唐廷枢"忠贞报国，清白盟心，实为迩日中外不可少之人"。"先生福寿兼全，功德并懋，昭垂史册。"

11月12日，《申报》刊发天津中外各界人士护送唐廷枢灵柩详情。⑥

11月13日，《申报》头条发表《书唐景星观察事略后》，评价唐廷枢："公之志遂一意于矿务，凿河道，开铁路，经营布置，不遗余力，凡所以利益开矿者，靡不急起而立行，竭十余年之心思才力，然后规模焕然大备，而四方赖其利用者，称道勿绝口。方其试办之初，未始无耗折之虑，惟公负坚忍不拔之志，存至公无我之心，不畏难、不贪利，用能任贤，再蹶再振，卒告成功。而天不假年，甫周花甲，遽行长逝，凡在中外人士，莫不同深悼惜。然公囊橐，萧然无储蓄以遗子孙，尤见两袖清风，深符古人之亮节。盖公于开平矿务局，非独无一毫自私自利之见存于胸中，且不惜毁家以成就其事，此其高谊，尤为人所难能。……苟尽能如公，存心国而忘家，公而忘私；为事必要其成，任职不辞劳苦，则不独中国商务可期蒸蒸日上，即凡利国便民诸大端，无不可以次第施行，岂非海内苍生之福哉！……自公之殁，凡属相知，无不众口一词，以公为惜。苟非公有以深服于人，何以能致人之

---

① 《津桥秋眺》，载《申报》1892年11月2日第7017号第2页。

② 《出殡志盛》，载《申报》1892年11月3日第7018号第2页。

③ 《灵輀南下》，载《申报》1892年11月4日第7019号第3页。

④ 《殡仪志盛》，载《申报》1892年11月5日第7020号第3页。

⑤ 袁祖志：《书唐景星观察事》，载《字林沪报》1892年11月5日第22版。

⑥ 《析津杂志》，载《申报》1892年11月12日第7027号第2页。

1892年11月13日《申报》刊发悼念唐廷枢文章

感叹、爱慕若斯乎？"①

11月14日，《申报》报道了唐廷枢灵柩至上海和中外各界人士前往吊拜的盛况。②

11月16日，《申报》刊发上海中外各界给唐廷枢送殡回广东故园的盛况。③

11月21日，澳大利亚《纽卡斯尔先驱晨报和矿工导报者》（*Newcastle Morning Herald and Miners Advocate*）披露唐廷枢去世的消息。

12月1日，《申报》报道唐廷枢灵柩于11月19日抵达香港和香山之情形。④

12月5日，英国《新闻纸》（*London and China Telegraph*）报道唐廷枢去世的消息，称赞："在中国，唐景星深受中外人士的敬重"。

_____

① 《书唐景星观察事略后》，载《申报》1892年11月13日第7028号第1页。
② 《吊客盈门》，载《申报》1892年11月14日第7029号第3页。
③ 《举丧志盛》，载《申报》1892年11月16日第7031号第3页。
④ 《东粤记言》，载《申报》1892年12月1日第7046号第2页。

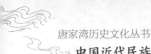

第三节

风范垂瀛寰

唐廷枢去世后，其家势随之破落。唐廷枢毕生经商，却没有留下家产，葬礼花销也是友人资助的。盛宣怀在禀请恩恤遗孤的文稿中，称唐廷枢"身后萧条，子嗣靡依，未能稍食其报"。[①]李鸿章下令招商局赠恤家属赙金一万五千两。按常理说，唐廷枢营商一辈子，估算他有万贯家财也不为过，而事实却是清贫如洗。这与唐廷枢将资金投入洋务企业，或获益一时难以收回，或亏损甚至破产有关；还有慈善的捐献，以及个人的清廉，这也从另一个角度说明他把自己全部的精力和资金都献给了民族实业、献给了广大民众。

唐廷枢娶有妻妾六人，原配陈氏，侧室李氏、张氏、杨氏、姜氏、张氏，计育有九子九女。

唐廷枢去世三年后，大弟唐廷庚于1896年7月15日在香山唐家村病逝，年仅61岁。唐廷庚去世未及一年，大哥唐廷桂于1897年7月6日在上海家中病逝，享年69岁。

唐廷枢一生，参与创办或投资的企业达40多家，实业家中鲜有人可以匹敌。作为近代中国工商业的先驱，唐廷枢集大买办、洋务派官僚和民族资本家于一身，毕生创下多个中国第一：创办中国第一家西式采煤的开平矿务局，主持修建中国第一条国产铁路；创办近代中国第一家细绵土厂；开办第

---

① 盛宣怀：《为请恩恤唐廷枢遗孤禀（光绪十八年八月）》，载《盛宣怀档案材料》，转引汪熙：《论晚清的官督商办》，载《历史学》1979年第1期，第110页。

一家由中国人办的保险公司等。他成功地组织了商业资本进入合营公司，发行股票，创立了一套近代公司管理制度，为近代新式企业的发展壮大起到了示范和引导作用，尤其在船政、矿政、路政三大领域创榛辟莽，担当开先，促进了中国近代化进程。他为中华民族建"功"立"业"的精神品格，激励时人，永启来者！

学人刘广京评价唐廷枢："即使是在任何国家，他也够资格被称为一名现代勇敢的创业者，他不仅在怡和开创他的事业，而且通过这个关系在他所进行的有政府赞助的航运与采矿事业中继续得益，其中有许多方案有助于中国的现代化。""他既爱国，又有世界眼光。"2018年7月24日，唐山市将1878年7月24日开平矿务局开局日定为唐山开埠日。今天的开滦人称誉唐廷枢是一代伟人，为开滦打下了百年基业。唐廷枢的实业救国、敢为人先、任事担当、坚韧不拔、开放务实和至公无我的精神，光昭于世，值得弘扬。

唐公一生，言以行俱，"奚止齐民之要术，俱关经国之远图"。古人云："大学之道，在明明德，在亲民，在止于至善"。唐公的人生价值，无愧于斯言！

165

参考文献

一、报刊

1. 《中西闻见录》（北京）

2. 《循环日报》（香港）

3. 《上海新报》（上海）

4. 《申报》（上海）

5. 《字林沪报》（上海）

6. 《沪报》（上海）

7. 《画图新报》（上海）

8. 《格致汇编》（上海）

9. 《述报》（上海）

10. 《益闻录》（上海）

11. *The Chinese Repository*（广州）

12. *The Chinese Recorder and Missionary Journal*（福州、上海）

13. *The Chinese Times*（天津）

14. *The Friend of China*（伦敦）

15. *The China Mail*（香港）

16. *The Hong Kong Daily Press*（香港）

17. *The Hong Kong Telegraph*（香港）

18. *The North China Desk Hong List*（上海）

19. *The North China Herald*（上海）

20. *The North-China Daily News*（上海）

21．*The North-China Herald and Supreme Court & Consular Gazette*（上海）

22．*The Shanghai Courier*（上海）

23．*The London and China Telegraph*（伦敦）

24．*The Far East: A Monthly Journal, Illustrated with Photographs*（上海）

二、史料

1．*Annual Report of the Morrison Education Society*, 1836-1865, Canton, China.（《马礼逊学校年报》）。

2．唐廷枢：《英语集全》，1862年（同治元年）广州纬经堂刻本。

3．*Henry Noel Shore, The Flight of Lapwing: A Naval Officer's jottings in China, Formosa and Japan, Landon, 1881.*

4．唐廷枢等撰：《查勘开平煤铁矿务》，光绪刻本。

5．唐廷枢等撰：《开平煤铁矿务情形》，光绪铅印本。

6．唐廷枢撰：《开平矿务招商章程》，1877年（光绪三年）刻本。

7．唐廷枢撰：《开平煤炭矿帐略》，光绪上海同文书局石印本。

8．轮船招商局编：《轮船招商局章程及历年帐略》，光绪铅印本。

9．袁祖志：《谈瀛录》，1884年（光绪十年）上海同文书局刻本。

10．唐廷枢编：《开平矿务创办章程案据汇编》，1888年（光绪十四年）广百宋斋排印本。

11．*K. F. Van DeldenLaёrne, Brazil and Java*, London, 1885.

12．国营招商局编：《国营招商局七十五周年纪念刊》，香港：美灵登有限公司承印，1947年。

13．魏子初编：《帝国主义与开滦煤矿》，上海：神州国光社，1954年。

14．南开大学经济研究所、南开大学经济系编：《启新洋灰公司史料》，北京：生活·读书·新知三联书店，1963年。

15. 王尔敏：《上海格致书院志略》，香港：香港中文大学出版社，1980年。

16. 夏东元编：《郑观应集》（上下册），上海：上海人民出版社，1982年，1988年。

17. 顾家熊、聂宝璋编：《中国近代航运史资料（第1辑）1840—1895》，上海：上海人民出版社，1983年。

18. 中共开滦党委党史资料征集办公室：《开滦工运史资料汇编》（全5册），唐山：开滦矿务局史志办，1985年。

19. 许和平、张俊桓译：《清末天津海关邮政档案选编》，北京：中国集邮出版社，1988年。

20. 张焘撰：《津门杂记》，扬州：江苏广陵古籍刻印社，1995年。

21. 全国公共图书馆古籍文献编委会：《晚清洋务运动事类汇钞》（全3册），北京：中华全国图书馆文献缩微复制中心，1999年。

22. 中国史学会主编：《洋务运动》（全8册），上海：上海人民出版社、上海书店出版社，2000年。

23. 章文钦笺注：《澳门诗词笺注》（晚清卷），珠海：珠海出版社，2002年。

24. 陈旭麓、顾廷龙、汪熙主编：《盛宣怀档案资料选辑·轮船招商局》，上海：上海人民出版社，2002年。

25. 熊性美、阎光华主编：《开滦煤矿矿权史料》，天津：南开大学出版社，2004年。

26. 招商局史研究会编：《招商局印谱》，深圳：海天出版社，2005年。

27. 戴逸、顾廷龙主编：《李鸿章全集》（全39册），合肥：安徽教育出版社，2008年。

28. 胡政主编：《招商局珍档》，北京：中国社会科学出版社，2009年。

29. 赵春晨编：《丁日昌集》，上海：上海古籍出版社，2010年。

30. ［美］戴吉礼主编：《傅兰雅档案》（全3册），桂林：广西师范大学出版社，2010年。

31．胡政、李亚东点校：《招商局创办之初》，北京：中国社会科学出版社，2010年。

32．胡政主编：《招商局与中国港航业》，北京：社会科学文献出版社，2011年。

33．宋钻友编：《中山人在上海史料汇编》，上海：上海辞书出版社，2011年。

34．李保平、邓子平、韩小白主编：《开滦煤矿档案史料集（1876-1912）》（全3册），石家庄：河北教育出版社，2012年。

35．徐润撰：《徐愚斋自叙年谱》，南昌：江西人民出版社，2012年。

36．陈代湘、何超凡、龙泽黯、李翠校点：《刘坤一奏疏》，长沙：岳麓书社，2013年。

37．陈玉庆整理：《国民政府清查整理招商局委员会报告书》，北京：社会科学文献出版社，2013年。

38．刘宗志主编：《淮醝驳案类编》，郑州：大象出版社，2013年。

39．林庆元、王道成考注：《沈葆桢信札考注》，成都：巴蜀书社，2014年。

40．胡政主编：《招商局船谱》，北京：社会科学文献出版社，2015年。

41．陈旭麓、顾廷龙、汪熙主编：《盛宣怀档案资料（第8册）轮船招商局》，上海：上海人民出版社，2016年。

42．李玉主编：《〈申报〉招商局史料选辑（晚清卷）》（全3册），北京：社会科学文献出版社，2017年。

43．王天根著：《开平煤矿珍稀史料研究》，合肥：安徽大学出版社，2017年。

44．王杰、宾睦新编：《陈兰彬集》（5册），广州：广东人民出版社，2018年。

45．丁日昌撰：《抚吴公牍》，北京：朝华出版社，2018年。

46．张雨良主编：《中国铁路源头影像》，北京：新华出版社，2018年。

47．张雨良主编：《开滦历史档案汇编》，北京：新华出版社，2019年。

48．唐廷枢研究中心主编：《唐廷枢史料丛刊》第一辑（3册），澳门：澳门科技大学，2019年。

49．苏精编著：《仁济济人》，上海：上海交通大学出版社，2019年。

三、史志

1．应宝时等修，俞樾等纂：《同治上海县志》，1871年（同治十年）刊本。

2．田明曜修，陈澧纂：《香山县志》，1879年（光绪五年）刊本。

3．杨文鼎修，王大本等纂：《滦州志》，1898年（光绪二十四年）刊本。

4．张仲弼修：《香山县志续编》，1920年（民国九年）刊本。

5．上海博物馆图书资料室编：《上海碑刻资料选辑》，上海：上海人民出版社，1980年。

6．郑逸梅、徐卓呆编著：《上海旧话》，上海：上海文化出版社，1986年。

7．唐山市地名办公室编：《唐山市地名志》，石家庄：河北人民出版社，1986年。

8．葛元煦著，郑祖安标点：《沪游杂记淞南梦影录沪游梦影》，上海：上海古籍出版社，1989年。

9．开滦矿务局史志办公室编：《开滦煤矿大事记（1848—1986）》，1987年。

10．开滦矿务局史志办公室编：《开滦煤矿大事记（1878—1948）》，1988年。

11．唐振常主编：《上海史》，上海：上海人民出版社，1989年。

12．唐有淦：《唐家村史》，唐家镇人民政府编印，1989年。

13．开滦矿务局史志办公室编：《开滦煤矿志（1878—1988）》（5册），北京：新华出版社，1992年。

14．珠海市地方志办公室编：《珠海市人物志》，广州：广东人民出版社，1993年。

15．唐山机车车辆厂厂志编审委员会编：《跨世纪的历程——唐山机车车辆厂大事记（1881—1994）》，北京：中国铁道出版社，1995年。

16．唐有淦编著：《唐家地区华侨史话》，珠海市政协文史资料委员会，香山区政协文史资料委员会，1995年。

17．杨磊主编：《开滦沧桑》，北京：新华出版社，1998年。

18．孟庆海主编：《唐山碑刻选介》（两册），唐山市政协文史资料委员会，2000年。

19．张显忱主编：《唐山历史事件览要（1878—1949）》，北京：红旗出版社，2001年。

20．广东省珠海市地方志编纂委员会编：《珠海市志》，珠海：珠海出版社，2001年。

21．扬中、钟亚平：《开滦125年（1878—2003）》，开滦集团有限责任公司，2003年。

22．珠海市唐家湾镇镇政府编：《唐家湾镇志》，广州：岭南美术出版社，2006年。

23．徐润著，王大华标点：《上海杂记》，珠海：珠海出版社，2006年。

24．张耀中主编：《珠海历代诗词选》，珠海：珠海出版社，2007年。

25．唐车130年大事记编辑委员会：《辉煌130——唐车大事记（1881—2010）》，中国北车唐山轨道客车有限责任公司，2011年。

26．中山市人民政府地方志办公室编：《中山市人物志》，广州：广东人民出版社，2012年。

27．熊月之主编：《稀见上海史志资料丛书》（全2册），上海：上海书店出版社，2012年。

28．唐山市档案馆：《唐山城市记忆》，南京：江苏人民出版社，2016年。

29. 张耀中主编：《珠海历代诗词选（拾遗卷）》（全3册），珠海：珠海百年电子音像出版社，2017年。

30. 政协唐山市委员会编著：《唐山城市发展史》，北京：中国文史出版社，2018年。

四、族谱

1. 《唐景星家谱》，手抄本，珠海博物馆唐越先生提供。

2. 前山叙伦堂重修：《香山徐氏宗谱》，1884年（光绪十年）壬午夏月。

3. 郑文铎等纂修：《香山古鹤界涌郑氏房谱》，1895（光绪二十一年）铅印本。

4. 韦绍康等纂修：《香山翠微韦氏族谱》，1909年（宣统元年）铅印本。

5. 唐佑衡、唐炜琛纂修：《唐氏子英房谱》，1934年（民国二十三年）石印本。

五、专著

1. 王玺：《中英开平矿权交涉》，台北："中央研究院"近代史研究所，1962年。

2. 吕贯强：《中国早期的轮船经营》，台北："中央研究院"近代史所，1962年。

3. Ellsworth C. Carlson（卡尔森）：*The Kaiping Mines* (1877-1912), Harvard University Press, 1971年。

4. 聂宝璋：《中国买办资产阶级的发生》，北京：中国社会科学出版社，1979年。

5. 张国辉：《洋务运动与中国近代企业》，北京：中国社会科学出版社，1979年。

6. 夏东元：《郑观应传》，上海：华东师范大学出版社，1981年。

7. 汪敬虞：《唐廷枢研究》，北京：中国社会科学出版社，1983年。

8. 樊百川：《中国轮船航运业的兴起》，成都：四川人民出版社，1985年。

9. 张仲礼、陈曾年：《沙逊集团在旧中国》，北京：人民出版社，1985年。

10. *Carl T. Smith, Chinese Christians: Elites, Middlemen, and the Church in Hong Kong*, Oxford University Press, 1985.

11. 金士宣、徐文述编著：《中国铁路发展史：1876—1949年》，北京：中国铁道出版社，1986年。

12. 陈宁生、张学仁编译：《香港与怡和洋行》，武汉：武汉大学出版社，1986年。

13. ［英］勒费窝著，陈曾年、乐嘉书译：《怡和洋行——1842—1895年在华活动概述》，上海：上海社会科学院出版社，1986年。

14. 张后铨主编：《招商局史（近代部分）》，北京：人民交通出版社，1988年。

15. 任荣会：《庚子遗恨》，北京：新华出版社，1988年。

16. ［美］郝延平著，李荣昌等译：《十九世纪的中国买办——东西间桥梁》，上海：上海社会科学院出版社，1988年。

17. ［美］刘广京著，邱锡镁、曹铁珊译，陈曾年校：《英美航运势力在华的竞争（1862—1874年）》，上海：上海社会科学院出版社，1988年。

18. 夏东元：《盛宣怀传》，成都：四川人民出版社，1988年。

19. 李时岳、胡滨：《从闭关到开放——晚清"洋务"热透视》，北京：人民出版社，1988年。

20. 中国航海学会：《中国航海史（近代航海史）》，北京：人民交通出版社，1989年。

21. ［美］费维恺著，虞和平译：《中国早期工业化——盛宣怀（1844-1916）和官督商办企业》，北京：中国社会科学出版社，1990

22．［美］刘广京：《经世思想与新兴企业》，台北：联经出版事业公司，1990年。

23．《中国近代煤矿史》编写组：《中国近代煤炭史》，北京：煤炭工业出版社，1990年。

24．张仲礼、陈曾年、姚新荣：《太古集团在旧中国》，上海：上海人民出版社，1991年。

25．孙光圻主编：《中国航海史纲》，大连：大连海运学院出版社，1991年。

26．［美］郝延平著，陈潮、陈任译，陈绛校：《中国近代商业革命》，上海：上海人民出版社，1991年。

27．［美］斯蒂芬·洛克伍德著，章克生、王作求译：《美商琼记洋行在华经商情况的剖析（1858—1862）》，上海：上海社会科学院出版社，1992年。

28．张后铨：《招商史话》，北京：中国文史出版社，1992年。

29．夏东元：《洋务运动史》，上海：华东师范大学出版社，1992年。

30．江天凤主编：《长江航运史（近代部分）》，北京：人民交通出版社，1992年。

31．朱荫贵：《国家干预经济与中日近代化——轮船招商局与三菱·日本邮船会社的比较研究》，北京：东方出版社，1994年。

32．汤照连主编：《招商局与中国近现代化》，广州：广东人民出版社，1994年。

33．［美］刘广京、朱昌峻编，陈绛译校：《李鸿章评传——中国近代化的起始》，上海：上海古籍出版社，1995年。

34．徐矛：《中国十买办》，上海：上海人民出版社，1996年。

35．王士立、刘允正主编：《唐山近代史纲要（1840—1948）》，北京：社会科学文献出版社，1996年。

36．王培：《晚清企业纪事》，北京：中国文史出版社，1997年。

37．易惠莉：《郑观应评传》，南京：南京大学出版社，1998年。

38．林庆元：《福建船政局史稿》，福州：福建人民出版社，1999年。

39．张后铨：《航运史话》，北京：社会科学文献出版社，2000年。

40．曹凯风：《轮船招商局——官办民营企业的发端》，成都：西南财经大学出版社，2002年。

41．王立新：《中国往事：跨越百年的诉讼》，北京：昆仑出版社，2002年。

42．熊月之等选编：《上海的外国人（1842—1949）》，上海：上海古籍出版社。2003年。

43．马敏：《官商之间：社会剧变中的近代绅商》，武汉：华中师范大学出版社，2003年。

44．夏东元编著：《盛宣怀年谱长编》（全2册），上海：上海交通大学出版社，2004年。

45．［美］顾德曼著，宋钻友译，周育民校：《家乡、城市和国家——上海的区域网络和认同》，上海古籍出版社，2004年。

46．易惠莉、胡政主编，招商局史研究会编：《招商局与近代中国研究》，北京：中国社会科学出版社，2005年。

47．张嵩山、任荣会：《大龙脉》，北京：中国社会科学出版社，2005年。

48．胡海建：《中国早期工业文明与唐廷枢》，海口：南方出版社，2005年。

49．倪玉平：《清代漕粮海运与社会变迁》，上海：上海书店出版社，2005年。

50．［日］夫马进著；伍跃、杨文信、张学锋译：《中国善会善堂史研究》，北京：商务印书馆，2005年。

51．王远明主编：《风起伶仃洋：香山人物谱》，广州：广东人民出版社，2006年。

52．刘正刚：《广东会馆论稿》，上海：上海古籍出版社，2006年。

53. 苏精：《上帝的人马——十九世纪在华传教士的作为》，香港：基督教中国宗教文化研究社，2006年。

54. 陈潮：《晚清招商局新考——外资航运业与晚清招商局》，上海：上海辞书出版社，2007年。

55. 胡政主编：《招商局与上海》，上海：上海社会科学院出版社，2007年。

56. 张后铨主编：《招商局史（近代部分）》，北京：中国社会科学出版社，2007年。

57. 胡波：《香山买办与近代中国》，广州：广东人民出版社，2007年。

58. 宋钻友：《广东人在上海（1843—1949年）》，上海：上海人民出版社，2007年。

59. 言夏：《国商：影响近代中国的十位商人》，北京：当代中国出版社，2008年。

60. 李志英：《近代中国资本主义经济形态的多重考察》，北京：商务印书馆，2008年。

61. 虞和平、胡政主编：《招商局与中国现代化——"纪念招商局成立135周年国际学术研讨会"论文集》，北京：中国社会科学出版社，2008年。

62. 朱荫贵：《中国近代轮船航运业研究》，北京：中国社会科学出版社，2008年。

63. 王远明、王　杰等：《春秋岭海——近代广东思想先驱纪事》，广州：广东人民出版社，2008年。

64. 陈同：《近代社会变迁中的上海律师》，上海：上海辞书出版社，2008年。

65. 冯邦彦：《香港英资财团（1841—1996）》，上海：东方出版中心，2008年。

66. 申晓勇：《对轮船招商局企业制度变迁动因、企业制度特性和经济绩效的考察（1873—1895）》，中国人民大学2009年博士学位论文。

67. 夏东元编著：《郑观应年谱长编》（全2册），上海：上海交通大学出版社，2009年。

68. 黄强、唐冠军主编：《长江航运百年探索》，武汉：武汉出版社，2009年。

69. 戴鞍钢：《晚清史》，上海：百家出版社，2009年。

70. 马学强、张秀莉：《出入于中西之间：近代上海买办社会生活》，广州：上海辞书出版社，2009年。

71. 李德林：《帝国沧桑：晚清金融风暴幕后的历史真相》，南京：南京大学出版社，2009年。

72. 香港中文大学中国文化研究所文物馆，香港中文大学历史系主编：《买办与近代中国》，香港：三联书店（香港）有限公司，2009年

73. 王远明、胡波、林有能主编：《被误读的群体：香山买办与近代中国》，广州：广东人民出版社，2010年。

74. 刘诗平：《洋行之王：怡和与它的商业帝国》，北京：中信出版社，2010年。

75. 张明远、李丛编著：《珠海历史名人与香山文化》，珠海：珠海出版社，2010年。

76. 汪敬虞：《唐廷枢：中国工商业现代化的开拓者》，珠海：珠海出版社，2010年。

77. 刘廷玉：《中山人在上海》，广州：广东人民出版社，2010年。

78. 朱国栋、刘红编著：《百年沪商》，上海：上海财经大学出版社，2010年。

79. 刘志强编著：《徐润年谱长编》，北京：北京师范大学出版社，2011年。

80. 李志龙主编：《开滦史鉴撷萃》，石家庄：河北人民出版社，2011年。

81. 梁碧莹：《陈兰彬与晚清外交》，广州：广东人民出版社，2011年。

82．胡政主编：《招商局与中国港航业》，北京：社会科学文献出版社，2011年。

83．胡波：《香山商帮：解读香山商人智慧》，桂林：漓江出版社，2011年。

84．黎志刚：《黎志刚论招商局》，北京：社会科学文献出版社，2012年。

85．刘广京：《刘广京论招商局》，北京：社会科学文献出版社，2012年。

86．易惠莉：《易惠莉论招商局》，北京：社会科学文献出版社，2012年。

87．朱荫贵：《朱荫贵论招商局》，北京：社会科学文献出版社，2012年。

88．张伟保：《中国第一所新式学堂——马礼逊学堂》，北京：中国社会科学出版社，2012年。

89．胡政编：《招商局与湖北》，武汉：湖北人民出版社，2012年。

90．张伟保：《艰难的腾飞——华北新式煤矿与中国现代化》，厦门：厦门大学出版社，2012年。

91．缐文：《近代语境下的发展经济学——晚清重商思想研究》，北京：中国社会科学出版社，2012年。

92．郝平：《丁戊奇荒——光绪初年山西灾荒与救济研究》，北京：北京大学出版社，2012年。

93．徐凯希、贾海燕等：《一部荡气回肠的长江交响曲：招商局与湖北》，武汉：湖北人民出版社，2012年。

94．欧阳跃峰：《李鸿章和他的幕僚们》，北京：团结出版社，2013年。

95．胡海建、张世红：《中国近代新经济的发展路径——企业家徐润研究》，哈尔滨：哈尔滨工程大学出版社，2013年。

96．Peter Crush（皮特·柯睿思）：*Imperial Railways of North China*（《关内外铁路》），北京：新华出版社，2013年。

97．莫华钊、梁元生、胡波、侯杰主编：《买办与近代中西文化交流》，广州：广东经济出版社，2013年。

98．邵建：《一个上海香山人的人际交往——郑观应社会关系网研究》，上海：上海辞书出版社，2014年。

99．温宏建：《沉重的起航：晚清企业精神的兴起》，北京：首都经济贸易大学出版社，2014年。

100．聂好春：《买办与近代中国经济发展研究（1840—1927）》，贵阳：贵州人民出版社，2014年。

101．苏生文：《中国早期的交通近代化研究（1840—1927）》，上海：学林出版社，2014年。

102．徐锋华：《李鸿章与近代上海社会》，上海：上海辞书出版社，2014年。

103．郄宝山：《百年开滦旧事》，北京：新华出版社，2014年。

104．赵守兵：《仰望百年——中国保险先驱四十人》，北京：中国金融出版社，2014年。

105．孙慎钦：《招商局史稿：外大事记》，北京：社会科学文献出版社，2014年。

106．胡政、陈争平、朱荫贵主编：《招商局与中国企业史研究》，北京：社会科学文献出版社，2015年。

107．张后铨：《招商局近代人物传》，北京：社会科学文献出版社，2015年。

108．云妍：《近代开滦煤矿研究》，广州：广东人民出版社，2015年。

109．刘正刚：《粤商好儒》，广州：中山大学出版社，2016年。

110．井振武编著：《留美幼童与天津》，天津：天津人民出版社，2016年。

111．锺宝贤：《太古之道——太古在华一百五十年》，上海：上海三联书店，2016年。

112．刘忆江：《李鸿章年谱长编》，保定：河北大学出版社，2015年。

113．戚俊杰编著：《丁汝昌年谱》，济南：山东大学出版社，2016年。

114. 胡政主编:《国家干预经济与中日近代化——轮船招商局与三菱·日本邮船会社的比较研究》,北京:社会科学文献出版社,2017年。

115. 林广志:《澳门之魂——晚清澳门华商与华人社会研究》,广州:广东人民出版社,2017年。

116. 盛承懋:《盛宣怀与晚清招商局和电报局》,北京:社会科学文献出版社,2018年。

117. 王健:《洋务运动对近代工业影响探析》,北京:团结出版社,2018年。

118. 姚开阳:《内河航行权与轮船公司》,上海:上海社会科学院出版社,2019年。

◀◀◀微信扫码,听一听
★唐廷枢先生人生故事
读者更可扫码加入本书专配交流群

后

Postscript

记

书友圈中或有一种共识，大凡阅读新书，习惯先看前言后记。大多著作的后记，往往类以"如释重负"之感叹文字开头。

然而，小稿杀青，本后记的开笔，却是"如识重负"，换言之，"重负"方才开始。一字之差，两重天地，别样滋味！诚惶诚恐者，因为小稿仅是一本"急就稿"。

然则，何如将"急就稿"急成"急就章"？

这里有两点"隐私"，或者说是两个"定位"需要说明：

一是小书并非严谨的学术著作。承蒙《唐家湾历史文化丛书》编委会及林广志先生之厚爱与扶助，邀约为唐廷枢写个传记。从研究选题来说，笔者先是坚辞不就，因为我们都是初学者，史料不熟，又无文集、年谱等基本史料辅佐，巧妇难为无米炊，下笔何从？但从社会责任来说，深感学界有义务为唐氏立传，聊以补白。毋庸讳言，刘广京、汪敬虞先生等老一辈学者无愧为唐廷枢研究的开拓者，汪先生出版过《中国工商业现代化的开拓者——唐廷枢》，貌似传记，却不便说是严格意义上的传体。由是，半推半就，故有不揣陋漏之举，应景之作，急就章是也。按丛书要求，引文注释便尽量瘦身。

二是小书定位为通俗读本。普及读本面向三教九流，文字要求深入浅出，生动可口，对于我们这些习惯以学术论文"套路"涂写干涩文字的书呆

181

子来说，无疑是一种高深的学问。奈何，唐公驾鹤百余年来，未见一本生平传记，九泉有知，或叹不公！唐廷枢乃中国近代史上民族企业家的先驱、民族工商业的巨子、与列强"商战"的先锋！西学出身的他，对祖国和民族忠心耿耿、报国如命、矢志不移、鞠躬尽瘁的开先理念与担当精神，堪称当下弥足珍视的精神财富！身兼买办、巨商、总办、幕僚等多元身份的他，事无巨细，创榛辟莽，天道酬勤的品格，诚是后世楷模！然而，其通俗读本空缺，不仅愧对前贤，也不利于历史文化的承传与弘扬。我们忝为广东历史、广府文化的学人，有义不容辞的责任，由是便有急就章之冲动。要之，撰写唐廷枢传记，与其说是宣传，倒不如说是呼吁！

由是，我们以敬畏历史、敬畏受众的心态，试图对唐廷枢的有关史料百般搜罗，尽管难有上穷碧落下黄泉之功夫，倒也猎取一些意外的干货，如关于唐廷枢赴欧美考察的一些外文史料的发现，弥补了既有资料的不足；又校正了原始文献（手稿）中的一些错漏，使唐氏的生平得以连贯畅通。奈何时间仓促，不免有挂一漏万之虞，祈待行家不吝赐教指正。尤需一笔的是，拙稿自始至终凭借广东省广府文化研究会办公宝地撰就，承蒙廖伟阳、茅海燕、杨红裕等广府同仁，以及挚友李材尧、林华轩、林亚有、凌土寿等先生的热情持助；虞和平、黎志刚、唐越、李飞等先生的专业指引；梁茵、廖志芬编辑的精心审校；并此表示由衷的谢忱。

如果话说回头，涂写本书也有些少收获，最大的得益，就是一种心灵的感悟、精神的启蒙，进而是由衷的敬慕和不尽的仰止！唐廷枢那一辈人，生长于数千年未有之内忧外患的大变局时代，为民族的振兴筚路蓝缕，为报国的抱负百折不挠，为开先的事业呕心沥血；他们为华夏的救亡默默付出，为社会的文明率先垂范，为工匠精神的承传励精图治；表现了先驱者的浩然之气，建树了实干家的赤子之风；他们不失为敬业奉献的典范，无愧为中华民族的脊梁！多难兴邦，砥砺傲骨，这是中华民族弥足珍视的伟大精神财富！

要之，本书遗憾有余，感慰不足。这就是理想与现实的矛盾统一。有人说遗憾也是一种圆满，我们理解为，认识了遗憾只是认知的圆满，不等于作业的圆满。使将遗憾化作明天的努力，或引来同好的互动与争鸣，演成美好的希望与期待，才是理想的圆满。我们自忖小书对唐廷枢研究的纰漏不少，权作引玉之砖，企盼唐廷枢研究际会风云，云程发轫！

著者识

二〇二〇年九月二十八日